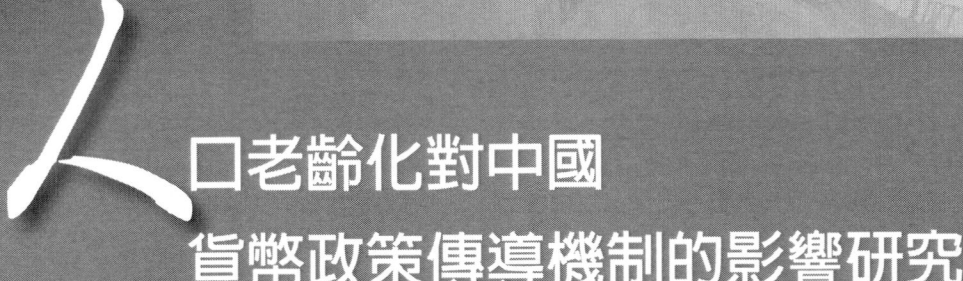

人口老齡化對中國
貨幣政策傳導機制的影響研究

The Influence of Population Aging on
the Monetary Policy Transmission
Mechanisms in China

劉梟 著

《路石文庫》總序

市場經濟時代，少了些對理想和精神的執著，淡了些對社會與國家的思索，多了些憤慨，多了些麻木，多了些自我，多了些「搭便車」的心態。現實與理想的衝突讓我們陷入了沉思：當我們想搭便車的時候，我們是否想到誰來開車？當我們仰望天空的時候，我們是否感到心靈坦然？正是基於這樣的沉思，我們創建了路石律所。

路石人不奢求引領社會，更不奢求改變社會，但是路石人卻流淌著先哲與先烈一樣的血液，對民族懷著深沉的愛戀。作為法律人士，我們希望能為中國法治進程與社會進步貢獻自己的微薄之力，甘做一顆顆小小的鋪路石。我們希望人們在前行的路上，能夠感受到這些小小石頭的堅韌，感受到它們五彩的斑斕。正是基於這樣的情懷，我們決定創建《路石文庫》。

秉承路石核心文化《路石銘》中「待財稍余，即資窮困以解潦倒，更舉刊社以播思想」的辦所理念，在路石律所成立八周年之際，《路石文庫》翻開了第三頁。

《路石文庫》開創了國內律師事務所出版綜合性系列叢書的先河。文庫採取不定期陸續推出的方式，面向全球徵集稿件，不求作者名氣與身分，唯求圖書質量與價值。凡有助中國法治進程、有益中國社會進步之佳作，皆屬文庫編輯委員會遴選之對象，皆有入選文庫之可能。應徵稿件經文庫編輯委員會審訂后，擇優推薦給出版社，一經採用，即由路石基金資助出版。

我們相信：善良的人們內心永遠有著對公平正義與民主法治的渴望，善良的人們內心永遠有著對國家富強與文化復興的向往。我

們相信：集民間智慧，聚眾沙成塔，我們的社會將不斷進步。誠如斯，孔子所鄙視的「不義而富且貴」的社會終將成為過去，這是路石律所的希望和追求，也正是《路石文庫》創辦的目的。

路石律師事務所

2016 年 3 月於成都

摘　要

　　鳳凰網評論專欄作家俞天任說過，老齡化社會是無解的，除了盡力推遲其到來之外沒有其他辦法。2013 年年底，全世界 210 個國家和地區中，有 95 個已進入老齡化社會，毋庸置疑，老齡化已成為全球性現象，越來越多的國家開始面臨老齡化帶來的一系列問題。2000 年年底我國 65 歲及以上人口達到 8,913 萬人，占總人口比例的 7.01%，標誌著我國邁入老齡化國家行列。因此，老齡化對我國經濟社會發展的影響已成為當前乃至今後相當長時間內學術研究的重點和熱點問題。

　　本書立足我國金融發展和貨幣政策的實際，研究了人口老齡化對貨幣政策利率傳導機制、信貸傳導機制、匯率傳導機制和資產價格傳導機制的影響，分析了貨幣政策傳導機制的各個影響因素，提出了改革我國貨幣政策傳導機制的政策建議。

　　本書以人口轉變理論、生命週期假說和凱恩斯主義貨幣政策傳導理論為理論基礎，並使用單位根檢驗、Johansen 協整檢驗、Granger 檢驗、向量自迴歸模型對人口老齡化對貨幣政策傳導機制的影響進行實證研究，通過理論分析得出結論，從而形成了基礎理論—文獻綜述—現實問題—實證檢驗—政策建議的邏輯體系。

　　本書介紹了我國人口老齡化的現狀並歸納出人口老齡化的新特點與新趨勢，分析了老年人口獨特的金融行為，以及人口老齡化與金融創新、人口老齡化與金融風險的關係，正是因為人口老齡化對金融創新與金融風險的影響，人口老齡化對貨幣政策傳導機制的影響才有了前提與基礎。

關於人口老齡化對貨幣政策利率傳導機制的影響方面。梳理了貨幣政策利率傳導機制的主要理論，即貨幣數量論、凱恩斯主義的IS-LM模型以及貨幣主義學派利率傳導理論，分析了利率傳導機制作用於市場主體的經濟行為和我國利率傳導機制的體系與特徵，並就貨幣政策的利率傳導機制並嵌入人口年齡結構的影響進行了文獻回顧，採用2002—2012年人口老齡化、貨幣供應量、利率、消費、經濟增長等變量指標進行實證研究，結果表明人口老齡化對貨幣政策利率傳導機制有一定的影響，但效果不顯著；中央銀行通過制定擴張或者緊縮性貨幣政策，將引起市場利率的變化，但市場利率的變化不能引起投資和消費的顯著變化，因而對經濟發展的影響不明顯，利率傳導機制在我國有一定實效，但不太明顯。

關於人口老齡化對貨幣政策信貸傳導機制的影響方面。厘清了貨幣政策信貸傳導機制的發展脈絡和理論基礎，分析了信貸渠道傳導貨幣政策的主要途徑，對人口老齡化對我國貨幣政策信貸傳導渠道的影響機制進行了探討，採用2002—2012年人口老齡化、財政赤字、貨幣供應量、通貨膨脹、銀行貸款等變量指標實證分析了人口老齡化對我國貨幣政策的信貸傳導影響，研究表明我國人口老齡化對貨幣政策信貸傳導機制有效，我國貨幣政策信貸傳導機制是貨幣政策傳導的主渠道。

關於人口老齡化對貨幣政策匯率傳導機制的影響方面。分析了貨幣政策匯率傳導機制的主要理論，包括購買力平價理論、利率平價理論和蒙代爾-弗萊明模型，介紹了成熟市場經濟下的匯率傳導機制，分析了我國當前匯率制度下的匯率傳導機制，並梳理了影響國內外匯率傳導機制的相關文獻，分析了人口老齡化對貨幣政策匯率傳導機制影響的作用機理，採用2002—2012年人口老齡化、貨幣供應量、人民幣實際有效匯率、淨出口和經濟增長等變量指標進行實證研究，研究發現人口老齡化對貨幣政策匯率傳導機制有一定的影響，但效果不顯著，貨幣供應量的變化將很難引起實際有效匯率的變化，短期來看實際有效匯率的變化對淨出口變化有影響，但長期對經濟發展的影響不明顯，說明我國匯率傳導機制的有效性存在阻滯。

關於人口老齡化對貨幣政策資產價格傳導機制的影響方面。介紹了貨幣政策資產價格傳導機制的主要理論和美國、日本的資產價格貨幣政策傳導經驗，分析了我國資產價格傳導機制的影響因素並就相關問題進行文獻梳理，分析了人口老齡化對貨幣政策資產價格傳導機制影響的作用機理，採用2002—2012年人口老齡化、貨幣供應量、資產價格、消費和經濟增長等變量指標進行實證研究，研究認為人口老齡化對貨幣政策資產價格傳導機制影響微弱。中央銀行通過制定擴張或者緊縮性貨幣政策，通過貨幣供應量能傳導到股票市場和房地產市場，房地產價格能引起消費的顯著變化，並對經濟增長產生影響，但不能通過股票市場傳導到消費市場並促進經濟增長。我國資產價格傳導機制有一定效果，其中貨幣政策通過房價傳導到消費的效果明顯強於股票市場價格。

在我國人口老齡化背景下，本書根據我國金融改革的實際，提出了改革貨幣政策傳導機制的具體措施和政策建議。

關鍵詞： 人口老齡化　貨幣政策傳導機制　利率政策　信貸政策　匯率政策　資產價格

Abstract

「There is no other solution to the aging society, except for delaying its approaching.」said Yu Tianren, columnist of Phoenix New Media. By the end of 2013, 95 of the 210 countries and regions in the world have entered aging society, demonstrating that aging has grown into a global phenomenon vexing a growing number of countries. InChina, 7.01 percent of the population (totaling 89.13 million people) was 65 and over till 2000, marking that China has stepped into the list of aging society. Hence, the impact of aging on our economic and social development has proved to be the focus and hot issue of our academic research now and for quite a long time in the future.

Based on the financial development as well as monetary policies of China practically, this present thesis is directed toward the impact of population aging on the interest rate transmission mechanism, the credit transmission mechanism, exchange rate and asset price transmission mechanism of monetary policy, analyses various influential factors to and puts forward political proposals on the reform of our monetary policy transmission mechanism.

On the theoretical basis—the demographic transition theory, life-cycle hypothesis and Keynesianism's monetary policy transmission theory, this thesis adopts empirical research on the impact of population aging on monetary policy transmission mechanism by virtue of unit root test, Johansen cointegration test, Granger test, vector autoregression model

(VAR). Then, after drawing a conclusion by means of theoretical analysis, a logical system: basic theory - literature review - practical problem - empirical test- policy proposals, is shaped.

This thesis describesChina's current population aging, summarizes further the new features and new trends of it, and analyses the connection between population aging and financial innovation, population aging and financial risks. It is the impact of population aging on financial innovation and on financial risks that serves as a premise and basis for aging's impact on monetary policy transmission mechanism.

On the impact on the interest rate transmission mechanism of monetary policy, this present thesis sorts out the principle theories of interest rate transmission mechanism, namely the quantity theory of money, Keynesianism's IS-LM model and interest transmission theory of Monetarist school, discusses the acting on market players by interest rate transmission mechanism as well as systems and characteristics of China's interest rate transmission mechanism. Furthermore, the author employs literature review on the impact on interest rates transmission mechanism concerning population age structure, and empirical research measured by variables and indicators from the year 2002 to 2012, involving population aging, money supply, interest rates, investment, consumption, economic growth. The results demonstrates that certain but inconspicuous influence is exercised by population aging over interest rate transmission mechanism of monetary policy; although fluctuation on interest rate is bound to be caused, due to the expansionary or tightening monetary policy implemented by central bank, this volatility will not result in remarkable changes in investment and consumption, so as to in China's economic development. Thus the interest rate transmission mechanism due boasts of some affects inChina, but lacks obviousness.

On the impact on the credit transmission mechanism of monetary policy, this thesis clarifies the development course and rationale for the credit transmission mechanism, analyses main approaches, in terms of credit, to transmitting monetary policy, and discuses the impact mechanism of population aging on credit transmission channel. By adopting variables and indicators, namely population aging, budget deficit, money supply, inflation, bank loans, investment on fixed asset, economic growth from 2002 to 2012, the author empirically analyses the impact of population aging onChina's credit transmission mechanism of monetary policy. The study reflects that population aging plays a role in credit transmission mechanism of monetary policy, which serves as the major channel of monetary policy transmission accordingly.

On the influence on the exchange rate transmission mechanism of monetary policy, this thesis analyses the main theories for exchange rate transmission mechanism of monetary policy, including the theory of purchasing power parity, interest rate parity theory and Mundell – Fleming Model, and describes the exchange rate transmission mechanism in a mature market economy. Besides, analyzes on exchange rate transmission mechanism under the current exchange rate regime is conducted, as well as the clarification of the relevant records essential to exchange rate transmission mechanism both in domestic and overseas markets. Moreover, the author analyses the impact mechanism of population aging on exchange rate transmission mechanism. Assisted by variables and indicators, including population aging, money supply, the RMB real effective exchange rate, net exports, and economic growth from 2002 to 2012, the research finds slight influence is generated by population aging on exchange rate transmission mechanism, and an evident change of practical and effective exchange rate is unlikely to occur on condition that the money supply changes. Over the short term, changes in net exports volume are in accordance with changes of practical effective exchange rate. However, the impact on economic development is unnoticeable on a long – term basis. The findings above indicate that effectiveness ofChina's exchange rate transmission mechanism undergoes retardant.

On the effect on the asset price transmission mechanism of monetary policy, this thesis introduces the main theories of asset price transmission mechanism of monetary policy and experience of the United States and Japan in monetary policy transmission of asset price, discuses the influential factors of asset price transmission mechanism and clarifies literature of concerning problems, and analyses the mechanism of population aging on asset price transmission mechanism. Additionally, the author employs variables and indicators from 2002 to 2012, containing population aging, money supply, asset prices, consumption, investment and economic growth, and finds out that population aging exerts scarcely any influence on asset price transmission mechanism of currency policy. The change of money supply, caused by Central Bank through carrying out expansionary or tightening monetary policy, can be transmitted to the stock market and real estate market, while real estate prices can greatly affect consumption, and have bearing on economic growth. Nevertheless, this case is inapplicable to stock market. China has achieved a certain results in asset price transmission mechanism, in which real estate outstrips stock market price in its influence on consumption, transmitted from monetary policy.

In the context ofChina's population aging, this thesis, in view of actual status of China's financial reform, puts forward specific measures and political proposals, aiming at reforming China's monetary policy transmission mechanism.

Key words: Population aging, Monetary policy transmission mechanism, Interest rate policy, Credit policy, Exchange rate policy, Asset price

Impact of population aging on the monetary policy transmission mechanism

Study on the transmission mechanism of monetary policy the aging of the population

Key words: Population aging, Monetary policy transmission mechanism, Interest rate policy, Credit policy, Exchange rate policy, Asset price

目 錄

1 緒論 ／ 1

  1.1 問題的提出 ／ 1

    1.1.1 選題的背景 ／ 1

    1.1.2 問題的提出 ／ 3

    1.1.3 研究的意義 ／ 4

  1.2 研究的方法、主要內容和框架結構 ／ 6

    1.2.1 研究方法 ／ 6

    1.2.2 研究邊界 ／ 6

    1.2.3 技術路線 ／ 7

    1.2.4 主要內容與框架結構 ／ 7

  1.3 創新點與不足 ／ 9

    1.3.1 書稿的創新點 ／ 9

    1.3.2 研究的難點和不足 ／ 10

2 理論與研究綜述 ／ 11

  2.1 重要概念界定 ／ 11

2.1.1　老年人口及人口老齡化 / 11

　　2.1.2　老齡化的衡量指標 / 12

2.2　**人口老齡化影響貨幣政策傳導機制的理論基礎** / 13

　　2.2.1　人口轉變理論 / 13

　　2.2.2　生命週期假說 / 15

　　2.2.3　凱恩斯主義貨幣政策傳導理論 / 18

2.3　**人口老齡化對貨幣政策傳導機制影響的研究綜述** / 19

　　2.3.1　人口老齡化對貨幣政策傳導機制的影響研究 / 19

　　2.3.2　研究總結與評述 / 25

3　人口老齡化及老年人口的金融行為分析 / 28

3.1　**人口老齡化現狀及特點** / 28

　　3.1.1　人口老齡化現狀 / 28

　　3.1.2　我國人口老齡化的新特點 / 31

3.2　**老年人口的金融行為分析** / 34

　　3.2.1　行為金融學與老年人口的金融行為 / 34

　　3.2.2　老年人口的金融行為特徵分析 / 35

3.3　**人口老齡化催生特殊的金融創新** / 38

　　3.3.1　金融創新對貨幣政策的影響 / 38

　　3.3.2　人口老齡化與金融創新 / 41

3.4　**人口老齡化催生特殊的金融風險** / 43

　　3.4.1　金融脆弱性 / 44

　　3.4.2　金融危機 / 47

　　3.4.3　人口老齡化與金融風險 / 50

4 人口老齡化對貨幣政策利率傳導機制的影響 / 56

4.1 貨幣政策利率傳導機制的理論分析 / 56

4.1.1 貨幣政策利率傳導機制的主要理論 / 56
4.1.2 利率傳導機制作用於市場主體的經濟行為分析 / 58

4.2 貨幣政策的利率傳導機制及其嵌入人口年齡結構的相關文獻回顧 / 60

4.3 我國利率傳導機制的體系與特徵 / 62

4.3.1 我國目前的利率體系 / 62
4.3.2 我國目前利率體系的特徵 / 62
4.3.3 我國利率市場化改革的進程及阻礙因素 / 63

4.4 人口老齡化對貨幣政策利率傳導機制影響的理論模型與實證研究 / 65

4.4.1 變量選擇 / 65
4.4.2 數據處理與檢驗 / 66
4.4.3 VAR模型的建立和最優滯后期的選取 / 69
4.4.4 Johansen（約翰遜）協整分析 / 72
4.4.5 Granger（格蘭杰）因果關係檢驗 / 74
4.4.6 小結 / 75

5 人口老齡化對貨幣政策信貸傳導機制的影響 / 77

5.1 貨幣政策信貸傳導機制的理論基礎和發展脈絡 / 77

5.2 信貸渠道傳導貨幣政策的途徑分析 / 78

5.2.1 銀行貸款渠道 / 79

5.2.2　資產負債表渠道 / 80

　5.3　人口老齡化對我國貨幣政策信貸傳導渠道的影響機制 / 81

　　5.3.1　信貸渠道傳導理論在我國的實踐 / 81

　　5.3.2　目前我國信貸傳導渠道存在的問題 / 82

　　5.3.3　人口老齡化對信貸傳導渠道的影響機制 / 85

　5.4　人口老齡化對我國貨幣政策的信貸傳導影響的實證分析 / 86

　　5.4.1　變量選擇 / 86

　　5.4.2　數據處理與檢驗 / 87

　　5.4.3　VAR模型構建和最優滯后期的選取 / 88

　　5.4.4　Johansen（約翰遜）協整檢驗 / 92

　　5.4.5　Granger（格蘭杰）因果關係檢驗 / 93

　　5.4.6　小結 / 94

6　人口老齡化對貨幣政策匯率傳導機制的影響 / 96

　6.1　貨幣政策匯率傳導機制的理論分析 / 96

　　6.1.1　貨幣政策匯率傳導機制的主要理論 / 96

　　6.1.2　成熟市場經濟下的匯率傳導機制 / 98

　6.2　我國當前匯率制度下的匯率傳導機制 / 99

　　6.2.1　我國匯率政策的演變 / 99

　　6.2.2　我國當前匯率制度下的匯率傳導機制 / 100

　　6.2.3　我國匯率傳導機制阻滯的因素分析 / 101

　6.3　國內外匯率傳導機制的影響分析：相關文獻 / 103

　6.4　人口老齡化對貨幣政策匯率傳導機制影響的作用機理 / 105

6.5 人口老齡化對貨幣政策匯率傳導機制影響的實證分析 / 107

 6.5.1 變量選擇 / 107

 6.5.2 數據處理與檢驗 / 108

 6.5.3 VAR 模型的建立和最優滯后期的選取 / 109

 6.5.4 Johansen（約翰遜）協整分析 / 111

 6.5.5 Granger（格蘭杰）因果關係檢驗 / 112

 6.5.6 小結 / 113

7 人口老齡化對貨幣政策資產價格傳導機制的影響 / 115

7.1 **貨幣政策資產價格傳導機制的理論分析** / 115

 7.1.1 貨幣政策資產價格傳導機制的主要理論 / 115

 7.1.2 資產價格的貨幣政策傳導：美日經驗 / 118

7.2 **我國資產價格傳導機制的影響因素分析** / 119

 7.2.1 資本市場的規模問題 / 119

 7.2.2 貨幣市場與資本市場的一體化程度 / 120

 7.2.3 金融結構的影響 / 121

 7.2.4 居民的財富效應和流動性效應 / 123

7.3 **國內外資產價格傳導機制的影響分析：相關文獻** / 123

7.4 **人口老齡化對貨幣政策資產價格傳導機制影響的作用機理** / 125

7.5 **人口老齡化對貨幣政策資產價格傳導機制影響的實證分析** / 127

 7.5.1 變量選擇 / 127

7.5.2　數據處理與檢驗／128

　　7.5.3　VAR 模型的建立和最優滯后期的選取／129

　　7.5.4　Johansen（約翰遜）協整分析／132

　　7.5.5　Granger（格蘭杰）因果關係檢驗／135

　　7.5.6　小結／136

8　結論與政策建議／138

　8.1　研究結論／138

　8.2　政策建議／140

　　8.2.1　從理念到行動，打通人口老齡化對貨幣政策傳導機制的影響路徑／141

　　8.2.2　從傳承到創新，推進老年產業資產證券化改革／145

　　8.2.3　從借鑑到務實，推進我國養老體制改革／146

參考文獻／148

后記——100 度的感悟／174

1 緒論

1.1 問題的提出

1.1.1 選題的背景

黨的十八大和十八屆三中全會明確提出了深化金融體制改革，加快發展多層次資本市場，穩步推進利率和匯率市場化改革，維護金融穩定的改革發展目標，由此可以預期中央銀行在相當長的時期內將繼續實施穩健的貨幣政策，確保我國金融體制改革的順利推進和經濟發展目標的實現。穩健的貨幣政策的實施需要與之目標相協調的傳導機制。貨幣政策傳導機制是指中央銀行運用貨幣政策工具影響仲介目標，進而實現既定的貨幣政策最終目標的傳導途徑與作用機理，一般情況下，貨幣政策的傳導是通過信貸、利率、匯率、資產價格等渠道進行的，中央銀行根據貨幣政策目標的變化，不同時期的經濟發展形勢，以及影響經濟發展的各要素分析，從而對這些傳導渠道有所側重和選擇。

隨著經濟社會的發展，人類生活水平和健康保障水平的提高，人口老齡化已從抽象的概念逐步成為現實的問題而真真實實地呈現在我們面前，並演化成為世界性問題。一個國家無論是選擇何種社會制度，也不論這個國家是貧窮還是富有，發達還是落後，在經濟全球化背景下，都不可避免地受到老齡化的影響和衝擊。從宏觀上看，人口老齡化不僅影響一個國家經濟的發展，還影響社會的進步，甚至波及政治制度的選擇；從中觀層面講，人口老齡化影響社會保

障制度的建立和完善，行業產業的調整，人力資源的差異和選擇；從微觀層面分析，人口老齡化影響個人投資與消費的選擇，養老觀念的改變，居民的日常行為等。因此，人口老齡化不僅是社會問題，也是經濟問題。

我國改革開放 30 多年來，經濟發展駛入高速通道，2013 年國民經濟呈現穩中有進、穩中向好的發展態勢，GDP 達到 56.9 萬億元，增速 7.7%，儘管是前 14 年來最低，但城鄉居民人均收入分別為 29,547 元和 8,896 元，人均 GDP 超過 6,000 美元，已經邁入中等收入國家行列。2013 年全國規模以上工業增加值按可比價格計算比上年增長 9.7%，固定資產投資 436,528 億元，比上年名義增長 19.6%，全年進出口總額 41,603 億美元，比上年增長 7.6%，順差 2,597.5 億美元。① 但我國經濟增長速度逐漸降低，金融支持經濟增長的效率下降，系統性金融風險上升，財政收入增速放緩，製造業產能過剩嚴重並且化解任務艱鉅，在世界經濟不提供「增長紅利」的情況下，我國經濟增長的下行壓力加大。

我國經濟增長創造的「世界奇跡」以及近年來經濟發展增速趨緩，一個重要的依存原因就是人口紅利的變化。2012 年我國 15~59 歲勞動年齡人口在相當長時期裡第一次出現了絕對下降，比 2011 年減少 345 萬人②，這意味著人口紅利趨於消失。蔡昉（2013）認為，人口紅利趨於消失，將使中國經濟增長趨勢出現與以往截然不同的變化。中國農業多餘勞動力從無限供給到短缺的劉易斯拐點正在來臨，勞動力短缺、工資成本上升導致比較優勢喪失，隨著人口紅利的逐漸消失，經濟增長速度必然放緩乃至停滯。

金融是現代經濟的核心，我國人口年齡結構的變化，直接和間接影響著我國經濟的發展，也影響著我國貨幣政策的實施和效果。2013 年 12 月末，我國廣義貨幣（M2）餘額 110.65 萬億元，比上年增長 13.6%，狹義貨幣（M1）餘額 33.73 萬億元，比上年增長 9.3%，流通中貨幣（M0）餘額 5.86 萬億元，比上年增長 7.1%；同時，人民幣貸款餘額 71.9 萬億元，人民幣存款餘額 104.38 萬億元。

---

① 國家統計局，2013 年國民經濟和社會發展統計公報。
② 國家統計局，2012 年國民經濟和社會發展統計公報。

全年新增人民幣貸款 8.89 萬億元，比上年多增 6,879 億元，新增人民幣存款 12.56 萬億元，比上年多增 1.74 萬億元①。所有數據與以前年度相比，增長幅度降低，環比下降。這些數據表明我國穩健貨幣政策的實施效應，也是我國經濟增長減速的具體體現，也折射出人口年齡結構變化對我國貨幣政策的影響。

1.1.2　問題的提出

按照聯合國關於劃分人口老年型國家的標準，我國 65 歲及以上人口 2000 年達到 8,913 萬人，占總人口比例的 7.01%②，標誌著我國自 21 世紀起開始邁入老齡化國家行列。我國的人口老齡化迅速呈現出老年人口基數大、增速快、高齡化、失能化、空巢化等趨勢，老齡問題與社會問題交錯，老齡問題與經濟發展問題疊加，引致了廣泛的關注和深層次的探討。關於中國老齡化的討論和研究從起初單純的養老體制改革、社會保障制度建立和完善、對經濟增長的影響等，迅速擴展到研究老齡化對居民行為的影響、人力資源與人力資本、國際資本流動、家庭儲蓄與消費、資本市場特別是股票市場、財政稅收政策、貨幣政策目標等經濟發展的各個領域。

老齡化與貨幣政策最終目標的關係。中央銀行通過貨幣政策的制定和實施達到穩定物價、充分就業、經濟增長、國際收支平衡和金融穩定，這是中央銀行的價值追求和最高準則。老齡化對貨幣政策的影響，不僅是一種途徑或者一個因素，更是中央銀行制定實施貨幣政策需要踐行的重要理念。老齡化如何通過貨幣政策傳導機制影響貨幣政策最終目標，進而影響經濟增長，我們有必要進行深入的研究與思考。

老齡化與貨幣政策傳導機制的關係。在市場經濟背景下，老齡化是影響儲蓄和投資、居民消費以及資本市場等貨幣政策傳導機制的重要因素，但對信貸政策的影響，對利率市場化、匯率市場化、資產價格的影響，以及影響程度如何，通過什麼渠道和方式進行影響，不同的傳導機制對貨幣政策目標的影響因子等，都會因此而發

---

① 中國人民銀行，2013 年金融統計數據報告。
② 國家統計局，2000 年國民經濟和社會發展統計公報。

生變化。對貨幣政策來說，這些都是基於人口老齡化這一長期無解的因素而提出的中長期課題。

對以上這些問題的研究與探討，有的國外有類似的研究，有的還只是簡單的推測和評論，而國內的研究總的來講還比較欠缺，沒有形成系統和體系，也沒有權威的定論。而這些問題，無論是市場經濟對金融資源配置的優化還是貨幣政策的操作與實施，隨著我國老齡化社會的深入發展，愈發顯得迫切而現實。

1.1.3 研究的意義

2013年，世界總人口為71.37億，其中65歲及以上人口占總人口的8%，65歲及以上人口2013年比2012年增長1.3%[1]，已經超過了總人口的增長速度，意味著世界範圍內人口老齡化程度進一步加深。2013年年末，中國（不包括港、澳、臺）總人口136,072萬人，比上年年末增加668萬人；出生人口1,640萬人，人口出生率為12.08‰，死亡人口972萬人，人口死亡率為7.16‰，人口自然增長率為4.92‰。從年齡構成看，16周歲及以上至60周歲以下（不含60周歲）的勞動年齡人口91,954萬人，比上年年末減少244萬人，占總人口的比重為67.6%，60周歲及以上人口20,243萬人，占總人口的14.9%，65周歲及以上人口13,161萬人，占總人口的9.7%[2]。此外，隨著人口出生率的持續下降和預期壽命的延長，我國逐步邁入老年期，儘管2014年逐步實施「單獨二胎」生育政策，但因政策效應具有明顯的時滯性，因此我國老齡化程度持續加深已成不爭的事實。2005年12月12日英國《金融時報》刊登了「中國能否繞過老齡化陷阱」的評論員文章，對中國如何應對人口老齡化發出了警示。可以說，在我國經濟持續保持高速增長的背景下，人口老齡化對我國經濟社會發展產生的不利影響，無論是政府還是普通民眾，都缺乏應有的理論支撐和行動指南。因此，以人口老齡化為出發點來研究其貨幣政策的含義，具有十分重要的理論與現實意義。

無論是古典經濟學還是現代貨幣主義，都非常關注人口年齡結

---

[1] 美國人口諮詢局，2013年世界人口數據表。
[2] 國家統計局，2013年國民經濟和社會發展統計公報。

構變化對經濟發展的影響。自19世紀60年代發達國家率先出現人口老齡化后，無數經濟學大師和學術巨擘都對人口老齡化展開了研究，從最初的人口年齡結構變化對儲蓄投資的影響到人口老齡化對國家經濟決策和個人具體經濟行為探討，無不彰顯出人口老齡化理論研究的重要性、廣泛性和深透性。2000年前，我國有關人口老齡化的研究只有極少數人進行過理論的探討，2000年后一些年輕的學者開始運用實證方法進行研究，但都不系統和全面，在這其中研究人口老齡化對貨幣政策影響的文獻更少，因此迫切需要在理論研究上取得進展和突破。本文運用現代科學的研究方法，利用宏觀經濟數據，實證研究人口老齡化對我國貨幣政策傳導機制的影響，具有重要的研究價值。

在老齡化大背景下，研究老齡化的貨幣政策含義是現實的迫切需要。2004年4月，周小川在中國人民銀行和國際貨幣基金組織共同主辦的「中國貨幣政策傳導機制高級研討會」上明確提出，我國在「研究貨幣政策傳導機制問題時，應關注人口老齡化和社會保障體系對貨幣政策實施效果的影響」。中國正在快速地步入老齡化社會，中國金融體系過去所做的更多的是資源的跨地域、跨行業的配置。隨著人口的快速老齡化，金融跨代資源的配置問題更加突出。同時，人口老齡化之後，全社會的儲蓄率有可能逐漸下降，這對金融體系也是新的挑戰[1]。

在我國推進利率和匯率市場化改革以及完善金融市場體系過程中，研究貨幣政策傳導機制的各個影響因素，分析人口老齡化對利率、信貸、匯率、資產價格影響的作用機理，進而有效選擇我國貨幣政策的制定與實施，對促進我國經濟社會發展具有重要的價值。

---

[1] 項俊波，人口老齡化致儲蓄率下降是金融體系新挑戰，鳳凰財經網：http://finance.ifeng.com/news/special/lujiazui2012/20120629/6681109.shtml。

1.2 研究的方法、主要內容和框架結構

1.2.1 研究方法

本文在總結和梳理國內外研究成果以及考察中國人民銀行、國家外匯管理局和銀監會、證監會、保監會在貨幣政策傳導機制實際操作中基本做法的基礎上，以人口學和金融經濟學基礎理論為指導，在兩大主體學科之間盡量融合與交叉，運用符合學術基本規範以及計量經濟學和數學的方法對人口老齡化的最新發展研究、對貨幣政策傳導機制的影響進行系統的闡述和深入的分析。

本文使用理論分析與實證研究、一般性和特殊性、定性分析和定量分析相結合的方法。具體來講，綜合運用單位根檢驗、Johansen 協整檢驗、Granger 檢驗、向量自迴歸（vector auto-regression，VAR）模型及事件分析法等實證方法和理論描述分析、文獻梳理分析、動態研究等方法，並使用人口經濟學、信息經濟學、進化博弈論、認知經濟學和行為金融學等思維方式與分析工具，系統地歸納、闡述人口老齡化對貨幣政策傳導機制的影響，全面分析人口老齡化的發展特徵，深入研究人口老齡化影響貨幣政策傳導機制的作用機理，實證研究我國人口老齡化對貨幣政策傳導影響的路徑，從而為我國貨幣政策傳導機制的改革和發展這個重大實踐問題提供理論與決策參考。

1.2.2 研究邊界

1.2.2.1 研究的對象邊界

為實現研究目標，控制數據收集和模型選擇，在相對宏觀的研究對象中避免因環節過多和內容過繁而累積誤差，本文在對國內外貨幣政策傳導機制理論進行分析研究后，確定研究邊界為人口老齡化對貨幣政策利率傳導機制、信貸傳導機制、匯率傳導機制和資產價格傳導機制四個主體進行考察，確定在我國目前貨幣政策框架下的實證研究，並包含顯示影響傳導各因素的政策變量。

貨幣政策四大傳導渠道的影響因素繁多，在研究中沒有包羅萬象而是對影響變量進行選擇，具體體現在：在貨幣政策的利率傳導機制中，選擇了貨幣供應量、利率、消費、經濟增長為主要變量；在貨幣政策的信貸傳導機制中，選擇了財政赤字、貨幣供應量、通貨膨脹、銀行貸款為主要變量；在貨幣政策的匯率傳導機制中，選擇了貨幣供應量、人民幣實際有效匯率、淨出口和經濟增長為主要變量；在貨幣政策資產價格傳導機制中，選擇了貨幣供應量、資產價格、消費和經濟增長為主要變量。

1.2.2.2 研究的時間邊界

關於人口老齡化和貨幣政策傳導機制的研究，這兩個方面在理論探索與實踐操作中都有相當長的時間跨度，為便於考察新時期人口老齡化的發展趨勢以及對現代貨幣政策傳導機制的影響，在變量數據篩選中，選擇了我國進入新世紀以來即2002年至2012年這10年的變量數據，因為這10年是中國經濟跨越發展的十年，又是轉型升級的十年和內涵發展的十年，具有較強的代表性。

1.2.3 技術路線

學術界關於貨幣政策傳導機制的研究比較成熟，本書在研究中前置嵌入人口老齡化因素，因此不能採用傳統的「理論推導—實證檢驗」的研究範式，也不宜採用提出問題—分析問題—解決問題的基本框架，本書選擇了一條「基礎理論—文獻綜述—現實問題—實證檢驗—政策建議」的技術路線，走一條從一般性到特殊性的技術路徑。

在研究人口老齡化對四大傳導渠道的影響中首先分析基礎理論，從基礎理論入手進行國內外相關的文獻綜述，再回到我國的現實環境，針對我國貨幣政策的特殊性利用理論模型進行實證檢驗，最后得出研究結論，提出相關的政策建議。

1.2.4 主要內容與框架結構

根據本書的行文邏輯和技術路線，從論文的框架結構來看，分為四大部分共八個章節。

第一部分，包括第一章和第二章。第一章是緒論，首先介紹論書的選題背景、問題的提出、研究的意義，再對其研究方法與邊界、技術路線與框架結構進行簡要介紹，最后在此基礎上提出了本文的創新點與不足之處。第二章是研究的理論基礎和文獻綜述。首先介紹了人口老齡化的基本概念與區別，其次介紹了人口老齡化影響貨幣政策傳導機制的理論基礎，包括人口轉變理論、生命週期假說和凱恩斯主義貨幣政策傳導理論，最后從四個方面回顧了已有的研究成果，並對相關研究進行了簡單的評論。第一部分側重於基礎性、知識性的概括介紹，是后研究必需的鋪墊和全書的基石。

第二部分，即第三章。首先介紹了我國人口老齡化的現狀並歸納出人口老齡化的新特點與新趨勢，其次以行為金融學為視角，分析了老年人口獨特的金融行為以及人口老齡化與金融創新、人口老齡化與金融風險的關係，正是因為人口老齡化對金融創新與金融風險的影響，人口老齡化對貨幣政策傳導機制的影響才有了前提與基礎。

第三部分，包括第四至第七章，是本書的主體和核心。第四章分析了貨幣政策利率傳導機制的主要理論即貨幣數量論、凱恩斯主義的 IS-LM 模型以及貨幣主義學派利率傳導理論，分析了利率傳導機制作用於市場主體的經濟行為和我國利率傳導機制的體系與特徵，並就貨幣政策的利率傳導機制嵌入人口年齡結構的影響進行了文獻回顧，最后利用單位根檢驗、Johansen 協整檢驗、Granger 檢驗、VAR 模型對人口老齡化對貨幣政策利率傳導機制進行實證研究，並得出初步結論。第五章首先厘清了貨幣政策信貸傳導機制的發展脈絡和理論基礎，分析了信貸渠道傳導貨幣政策的主要途徑，再對人口老齡化對我國貨幣政策信貸傳導渠道的影響機制進行了探討，最后實證分析了人口老齡化對我國貨幣政策的信貸傳導影響。第六章首先分析了貨幣政策匯率傳導機制的主要理論，包括購買力平價理論、利率平價理論和蒙代爾-弗萊明模型，介紹了成熟市場經濟下的匯率傳導機制，然後分析了我國當前匯率制度下的匯率傳導機制，並梳理了影響國內外匯率傳導機制的相關文獻，最后分析了人口老齡化對貨幣政策匯率傳導機制影響的作用機理並進行實證研究。第

七章介紹了貨幣政策資產價格傳導機制的主要理論和資產價格的貨幣政策傳導的美日經驗，其次分析了我國資產價格傳導機制的影響因素並就相關問題進行文獻的梳理，最后分析了人口老齡化對貨幣政策資產價格傳導機制影響的作用機理並進行實證研究。

第四部分，即第八章。結合第四至第七章的實證研究，分別得出研究結論，並根據我國金融改革的實際，提出了在我國人口老齡化背景下改革貨幣政策傳導機制的具體措施和政策建議。第四部分既是全文的總結，也是研究的落腳點。

1.3 創新點與不足

1.3.1 書稿的創新點

本書從內容與方法上，希望能夠從以下方面力求創新：

（1）目前國內外分別研究貨幣政策傳導機制和人口老齡化的很多，但將兩者結合起來交叉研究的很少，特別是國內還沒有將兩者結合起來進行系統研究，現存的文獻碎片化，因此本書在選題方面具有一定的新穎性。

（2）目前國內的研究基本上都是探討人口年齡結構或者人口老齡化對股票價格、房地產價格、實際有效匯率等資產價格的點對點的影響，而不是對貨幣政策的傳導過程進行線條性一體化研究。本書在研究中將人口老齡化因素前置嵌入貨幣政策傳導機制，探討老齡化對貨幣政策傳導機制整個過程的影響，最終形成對社會總需求和總產出的傳導效應。

（3）本書分析了我國當前人口老齡化的發展現狀，在繼承傳統的基礎上，總結歸納出老齡化問題成為社會矛盾的聚焦點、老齡化問題凸顯在城市而重點和難點在農村以及經濟發展掩蓋了老齡化問題三個方面的新特點和新趨勢。

（4）本書利用我國 2002—2012 年有關歷史數據引入單位根檢驗、Johansen 協整檢驗、Granger 檢驗、VAR 模型等實證研究方法驗證和推導出人口老齡化對貨幣政策四大傳導渠道的影響路徑和傳導

效果，並總結出人口老齡化進程中完善我國貨幣政策傳導機制的政策建議，獲得的結論具有一定新意，且與我國金融改革與發展的實際相符，從而提高了研究的科學性。

1.3.2 研究的難點和不足

（1）我國經濟社會發展的現實使人口老齡化對貨幣政策傳導機制影響的研究隱性化。當前，我國金融改革正處於攻堅克難階段，隨著人口老齡化進程的深入，老齡化對經濟社會發展的影響是全方位全過程的，但其影響深度是一個漸進的過程，其集聚的問題和矛盾也不可能頃刻間爆發，並且其表象可能與老齡化沒有直接的聯繫，因此經濟社會發展的深刻現實對人口老齡化與貨幣政策傳導機制研究的影響提出了挑戰。

（2）擷取數據的代表性和穩定性問題。我國經濟的轉型發展，金融創新的持續推進，曾經過往的數據對未來發展的影響和支撐效用如何，對本書的研究提出了挑戰。

（3）分析變量的選擇問題。影響人口老齡化的因素很多，影響貨幣政策傳導機制的影響因子更多，涉及經濟生活的方方面面，因而選取貨幣政策傳導機制的具體變量數據的代表性，以及同一類型若干變量的選取問題，對本書的研究提出了挑戰。

（4）成熟市場經濟體的經驗借鑑問題。我國進入老齡化社會的時間不長，貨幣政策傳導機制尚處於變革當中，成熟的市場經濟體在處理人口老齡化與貨幣政策有關問題的經驗對我國的借鑑意義到底有多大，從數據上分析得出的結論對現實的改革發展有多大的指導意義，這對我們提出了思考。

（5）研究方法的問題。一方面本書的實證研究方法借鑑於國外成熟的研究範式，這種模型對我國數據的實用性如何，變量樣本的選擇對模型的依存度如何，對本文的研究提出了挑戰。另一方面，由於國家及有關政府部門數據統計時間的差異，一些變量是年度指標，一些是季度指標，為了使變量數據體現出在時間上的一致性，在研究中要將這些指標處理成月度數據，因此其科學性有待進一步驗證。

2 理論與研究綜述

2.1 重要概念界定

2.1.1 老年人口及人口老齡化

2.1.1.1 老年人口

老年人口，通常指年齡超過60周歲或者65周歲以上的人口。聯合國人口司、世界銀行、美國人口諮詢局等均採用65歲作為劃分標準。與國際上將65歲以上的人確定為老年人的慣例做法不同，中國老齡委員會將60周歲作為我國老年人口起點的基本界限。2012年12月28日十一屆全國人大常委會第30次會議修訂的《中華人民共和國老年人權益保障法》第二條規定：「本法所稱老年人是指60周歲以上的公民。」

為研究方便，在進行國際比較時，採用通用的國際標準，把65周歲及以上人口定義為老年人口，並明確加以說明和標註。在研究我國人口老齡化及其影響時，與國家規定相適應和匹配，將60周歲及以上人口定義為老年人口。

2.1.1.2 人口老齡化

人口老齡化是指總人口中年長人口數量增長速度超過年輕人口增長速度而導致老年人口比例相應增長的態勢。根據1956年聯合國《人口老齡化及其社會經濟后果》確定的劃分標準，當一個國家或地區65歲及以上老年人口數量占總人口比例超過7%時，就意味著這個國家或地區進入老齡化。1982年維也納老齡問題世界大會，確定

60 歲及以上老年人口占總人口比例超過 10%，意味著這個國家或地區進入老齡化。

美國人口諮詢局《人口手冊（第四版）》對人口老齡化的定義為，人口中成人和老齡人口的比例逐漸增加，而兒童和青少年的比例逐漸減少的過程。這個過程導致人口年齡中位數的上升；老齡化發生在生育率下降但預期壽命不變或老年人口的預期壽命得以延長的時候。鄔滄萍（1986）指出，人口老齡化是老年人口在整個人口中的比例不斷上升的過程。彭松建（1987）認為人口老齡化又可稱為人口老年化或人口老化，是人口年齡結構老化的過程，人口年齡結構中老年人口的比重不斷增高的過程。姜向群（1996）認為人口年齡結構的老齡化是生育率下降的一個直接的人口學后果，也是所有經歷生育率下降的國家和地區所必然共同面臨的一個一般性結果。

綜上所述，人口老齡化就是指 60 歲以上人口占總人口比例達到 10%，或 65 歲以上人口占總人口比例達到 7%的人口年齡結構狀況，包含兩個含義：一是指老年人口相對增多，在總人口中所占比例不斷上升的過程；二是指社會人口結構呈現老年狀態，進入老齡化社會。

2.1.2 老齡化的衡量指標

人口老齡化的衡量指標因研究和統計需要而不同，通常有年齡中位數、老齡人口撫養系數、老齡化率以及老年人口系數等，根據論文研究需要，在考察人口老齡化對貨幣政策傳導機制影響時，主要採用老齡人口撫養系數、老年人口系數這兩個指標。

（1）老齡人口撫養系數，也稱老年撫養比，是指非勞動年齡人口中老年人口對勞動年齡人口數之比，用以表明每 100 名勞動年齡人口要負擔多少名老年人。老齡人口撫養系數是從經濟角度反應人口老齡化社會后果的指標之一，其計算公式如下：

$$老齡人口撫養系數 = \frac{60 歲及以上人口}{15 \sim 59 歲人口} \times 100\%$$

（2）老年人口系數，也稱老齡化系數、老年比，是指老年人口數占總人口的百分比。老年人口系數也就是老年人口所占的比例，

由於它最直觀地表達出人口老齡化的基本涵義，因此被視為參量人口老齡化程度最直接、最常用也最具代表性的重要指標。老年人口系數的高低變化形象地反應出老齡化進程的快慢程度，其計算公式如下：

$$老年人口系數 = \frac{60 歲及以上人口}{總人口數} \times 100\%$$

2.2 人口老齡化影響貨幣政策傳導機制的理論基礎

2.2.1 人口轉變理論

人口轉變理論是20世紀初西方人口學者在經濟社會轉型發展的時代背景下提出的關於人口發展變化規律的理論，是當代世界人口學界流行的一種人口理論，已成為許多國家制定人口政策、編製人口發展規劃、預測人口發展趨勢的重要理論依據。人口老齡化是伴隨著工業化和城市化進程，在低出生、低死亡、低自然增長的人口轉變態勢下人口發展的必然產物。

法國人口學家蘭德里（Adolphe Landry）根據西歐特別是法國的人口統計資料，對人口出生率和死亡率的變動情況進行分析，在1909年發表的《人口的三種理論》中提出了人口轉變的思想，並在1934年出版了《人口革命》一書，系統闡述了人口轉變理論，成為人口轉變理論的奠基著作。他認為在自然和社會的各種因素中，經濟因素特別是生產力是影響人口發展的主要因素，人口的發展受到經濟因素的制約，他根據人口與食物供應及經濟發展的關係，將一個國家的發展進程分為三個階段，第一階段即古代的或者原始的階段，屬於生育沒有限制的時代，生產力發展水平很低，經濟因素通過死亡率來影響人口發展，人口死亡率決定人口的發展；第二階段即中間的或者中期的階段，屬於限制生育達到了普及時代，人口的發展變化通過經濟因素影響婚姻關係來影響生育率，居民為了維持較高的生活水平開始限制婚姻——晚婚或者不婚，通過婚姻關係的調整，降低生育率並影響人口增長。第三階段即現代階段，經濟發

展加快，科學文化教育事業的發展改變了居民的生活和婚姻觀，出現了人口死亡率下降而人口劇增，后發展到人口出生率下降，人口增長速度放慢，人口處於低出生率、低死亡率、低增長的狀態。

1947年，英國人口學家布拉加（C. P. Blacker）出版了《人口發展的階段》一書，書中根據發達國家經濟社會發展情況和人口發展資料，將人口的進化分為高位靜止、初期增長、后期增長、低位靜止和減退5個階段，這5個階段從人口出生率和死亡率的高低更迭演繹人口發展，即高出生率、高死亡率（人口保持基本平衡）→高出生率、低死亡率（人口增長）→低出生率、低死亡率（出生率>死亡率，人口低增長）→低出生率、低死亡率（人口保持基本平衡）→低出生率、低死亡率（出生率<死亡率，人口減少）。

美國人口學家諾特斯坦（Frank W. Notestein）繼承並發揚了蘭德里、布拉加等學者的研究，從宏觀方面論證了人口轉變的經濟根源，把現代化、城市化和工業化作為人口轉變的根本原因，提出了系統的三階段人口轉變理論，第一階段是高增長潛力階段，死亡率成為人口增長的主要因素；第二階段是轉變增長階段，人口的出生率和死亡率均下降，但出生率的下降速度低於死亡率，人口自然增長率高；第三階段是下降階段，死亡率相對穩定，出生率繼續下降，人口呈現負增長。

20世紀60年代美國人口學家寇爾（Ansley J. Coale）研究發現，經濟發展是生育率下降的充分條件但不是必要條件，一些經濟發展水平不高的地區也出現了出生率下降的情況。此后，戴維斯（Kingsley Davis）、卡德威爾（John Caldwell Calhoun）、伊斯特林（R. A. Easterlin）等從多方反應、財富流向、孩子效用等方面研究了人口轉變的影響因素。

根據諾特斯坦的人口轉變理論可以看出，在轉變增長階段，人口出生率和死亡率下降，出生率高於死亡率，人口呈現快速增長態勢，形成「嬰兒潮」，少年撫養比大於老齡人口撫養系數。在下降階段，死亡率相對穩定，出生率繼續下降，人口呈現負增長，同時由於「嬰兒潮」出生的孩子進入老年，老年人口系數快速增長，社會進入老齡化社會。

2.2.2 生命週期假說

生命週期假說理論是由美國經濟學家、1985 年諾貝爾經濟學獎獲得者莫迪利亞尼（Franco Modigliani）和布倫伯格（R. Brumberg）等合作提出的，又稱消費與儲蓄的生命週期假說。1954 年莫迪利亞尼和布倫伯格發表了論文「Utility analysis and the consumption function: an interpretation of cross-sectional data」，1979 年他們又合寫了「Utility analysis and Aggregatel consumption function: an Attempt at integration」，這兩篇文章奠定了生命週期假說理論的基礎。此后，在 1986 年發表的《生命週期、個人節儉與國民財富》一文中總結提煉並完善了生命週期假說理論。

生命週期假說理論認為，一個人或者家庭當前的消費支出與其整個家庭一生的全部預期收入是緊密相連的，在其整個生命週期中，收入、消費、儲蓄和財富是年齡的函數。認為收入中的儲蓄比例基本上與收入無關，儲蓄率系統偏離正常水平，主要是圍繞家庭的基本掙錢能力的短期收入波動以及這種掙錢能力的逐漸變化可能使累積儲蓄與當前收入和年齡有差異。該理論認為，當收入和人口處於靜止狀態時，退休人員從早先的財富累積中做出的反儲蓄，正好抵消了未退休的工作人員由於考慮到今后退休而累積的財富；當經濟增長或者人口增加時，較年輕的家庭在其累積的階段中佔有較大的人口比例，而退休的反儲蓄者則佔有較小的人口比例；當生產力提高經濟增長時，生產力增長意味著較年輕的人群比較年長的有著更大的生命時間資源，他們的儲蓄大於較貧困的退休人員的反儲蓄。因此，家庭的消費或者投資取決於整個家庭內部所有成員在生命週期內所獲取的總收入和財產。由此可知，家庭當前的消費必然取決於整個家庭成員所處的生命週期階段。

生命週期假說理論認為，個人平均勞動收入典型地表現為一個突出的駝背型（見圖 2-1），大約剛到 50 歲時達到高峰，以后即下降，如果消費者平均他的相當於一個成年人的消費，則消費也隨年齡而變化。儲蓄到任一給定年齡的累積淨財富額都是子女人數的減函數，並隨著在家子女人數的增加而減少。

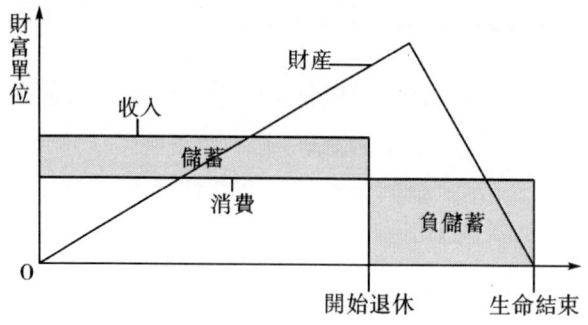

圖 2-1　收入、消費、儲蓄和財富作為年齡的函數圖

莫迪利亞尼和布倫伯格以退休前的收入為常數、退休后的收入為零、零利息率、畢生不變的消費和沒有饋贈為假設條件，建立了個人的消費和儲蓄函數，並推導出總量消費函數和儲蓄函數。

個人消費函數為：

$$c_t = \frac{y_t + (N-t)y_t^e + a_t}{L_t}$$

個人儲蓄函數為：

$$s_t = y_t - c_t = \frac{L_t - t}{L_t} y_t - \frac{N-t}{L_t} y_t^e - \frac{a_t}{L_t}$$

其中，N 表示掙錢期，t 表示第 t 年，c_t 表示在第 t 年裡非耐用品消費及服務加上提供直接服務的耐用品的當年折舊額，y_t 表示第 t 年非來自資產的投入，a_t 表示年齡 t 開始時的資產，L 表示經濟意義的生命期長，y_t^e 表示 t 年后掙錢期內所期望的平均收入，s_t 表示在 t 年的儲蓄。

和凱恩斯消費函數理論不同，生命週期假說把年齡因素引入了消費函數和儲蓄函數，影響消費和儲蓄的因素不僅包括收入、財產、利率、收入分佈等，還包括了預期收入、年齡和工作時間長短等。

莫迪利亞尼和布倫伯格在推導個人消費函數和儲蓄函數的四個假設條件的基礎上，進一步假定在給定任何 T 年度，在掙錢期間的每個年齡組都有相同的平均收入、掙錢期間的任一年齡組 t 對今後的任何年齡的期望平均收入一樣、每個家庭都有同樣的生命期長和掙錢期，推導出總量消費函數和總量儲蓄函數。

總量消費函數為：
$$C^T = \alpha Y^T + \beta Y^{eT} + \mathscr{A}^T$$
總量儲蓄函數為：
$$s^T = Y^T - c^T = \frac{1-a^T}{Y^T} - \beta^T Y^{eT} - \mathscr{A}^T$$

上述兩式中，c^T 表示年度 T 的總量支出，Y^T 表示年度 T 的總量收入，Y^{eT} 表示 T 年度的期望平均收入總和，$\mathscr{A}^T$ 表示 T 年度的資產綜合量。

莫迪利亞尼通過個人和總量消費函數、儲蓄函數的影響因素分析，將生命週期假說理論歸納出 6 大命題：一國的儲蓄率完全同它的人均收入無關；國民儲蓄率不單是該國公民節約差異的結果，不同的國民儲蓄率可以用一個人的生命週期行為去說明；在有同樣行為的不同國家之間，經濟的長期增長率越高，總量儲蓄率也越高，當增長率為零時，總量儲蓄率為零；財富-收入比是增長率的減函數，在增長率為零時，財富-收入比達到最大；即使沒有通過遺贈而積儲起來的財富，一個經濟社會仍然可以累積一個相對於收入來說十分可觀的財富存量；對於一定的經濟增長，控制著財富-收入比和儲蓄率的主要參數是現行的退休期的長短。[①]

此后，一些經濟學家對生命週期假說理論進行了擴充和發展，比如林德（Thomas Lindh）於 1999 年在「人口研究與政策評論」發表了《人口年齡結構和美國的個人儲蓄率：1956—1995》一文，提出了人口年齡結構通過直接機制與間接機制「雙重機制」作用於個人儲蓄。人口年齡結構直接對儲蓄的變化作用很小，間接機制即通過影響經濟增長，從而影響儲蓄，但間接機制的影響具有一定時滯效應，因此間接的「增長效應」遠大於直接的「生命週期效應」。

生命週期假說把將人口的年齡結構引入消費、儲蓄和財富當中，推導出影響個人和家庭消費與儲蓄、社會總消費和總儲蓄的因素變量。人口老齡化將引起經濟活動人口的年齡狀況、退休年齡、就業期長短、社會生命週期長短等系列因素的變化，進而影響個人和家

---

① 弗蘭科·莫迪利亞尼. 莫迪利亞尼文萃 [M]. 杜少宮，費劍平，譯. 北京：首都經貿大學出版社，2001.

庭以及整個社會的儲蓄投資，同時提出了金融政策不僅可以通過傳統的投資渠道，還可以通過資產的市場價值和消費來影響總量需求，對研究貨幣政策傳導機制對貨幣政策目標的影響，進而影響經濟社會發展具有十分重要的價值和意義。

2.2.3 凱恩斯主義貨幣政策傳導理論

1936年，世界著名經濟學家凱恩斯（John Maynard Keynes）出版了其代表作《就業、利息和貨幣通論》，奠定了凱恩斯的貨幣政策傳導機制理論的基礎，為貨幣政策傳導理論研究作出了開創性貢獻。

凱恩斯考察了20世紀30年代世界經濟大危機后，認為造成危機的一個重要原因就是有效需求不足，尤其是投資需求不足，而投資需求不足的原因是利率水平太高，斷裂了正常的投資渠道，因此必須採取適當的財政政策和貨幣政策來降低利率，擴大投資，增加需求，解決就業，提高產出（Y）。他認為，貨幣供應量（M）的變動將打破原有貨幣供求的平衡關係，引起利率（i）的變化；利率的變動引起投資規模（I）的變化，投資規模變化的大小主要取決於資本的邊際效率，當利率下降到一定水平時，投資將會增加；投資規模變動引起就業、產量和收入的變化，投資效果變化的大小主要取決於邊際消費傾向，邊際消費傾向越大，投資乘數越大，投資規模變動產生的投資效果也越大；就業、產量和收入的變動將影響生產成本的變動，一方面隨著就業的增加，提高了工人討價還價的能力，引起貨幣工資上升，另一方面隨著產量的增加，一定的生產資源供給無彈性，瓶頸現象將引起供給價格上漲，因此生產成本必然上升；生產成本的增減后，物價隨之調整。表示如下：M↑→i↓→I↑→Y↑。

在與貨幣主義學派抗辯過程中，一些經濟學家對凱恩斯的觀點進行了補充和完善，其中最為著名的就是托賓（James Tobin）的「Q」理論和莫迪利亞尼的「財富效應理論」（第七章將進行詳細介紹）。

20世紀80年代以來，一些經濟學家針對傳統凱恩斯主義存在的宏觀理論缺乏微觀基礎的缺陷，形成了新凱恩斯主義貨幣政策傳導

機制理論，以薩繆爾森（Paul A Samuelson）、費希爾（Stanley Fischer）、費爾普斯（Edmund Phelps）、泰勒（John Taylor）等為代表。新凱恩斯主義提出了信貸傳導機制理論，認為貨幣政策不僅影響一般利率水平，而且還影響外部融資風險溢價的大小，外部融資跌價的變化比單獨的利率變化能夠更好地解釋貨幣政策效應的強度、時間和構成，並通過借款人的資產負債表渠道和銀行信貸渠道進行傳導。

2.3 人口老齡化對貨幣政策傳導機制影響的研究綜述

2.3.1 人口老齡化對貨幣政策傳導機制的影響研究

貨幣政策傳導機制由於是中央銀行制定和實施貨幣政策的傳遞途徑和作用機理，因此經濟學界對貨幣政策傳導機制理論的研究與爭論，自古典經濟學創立以來就從未停止，並且根據經濟發展的不同階段各有側重，熱點不斷，成為推動貨幣政策理論研究的重要渠道和主要載體。1995年美國經濟學家米什金（Fredcric S. Mishkin）在專著《貨幣金融學》中根據貨幣與其他資產之間的不同替代性及政策變量因素，將貨幣政策傳導機制分為貨幣渠道和信貸渠道，貨幣渠道主要包含利率途徑、非貨幣資產價格途徑和匯率途徑。本文綜合國內外研究和我國貨幣政策實際情況，將人口老齡化對貨幣政策傳導機制的影響從信貸傳導渠道、利率傳導渠道、匯率傳導渠道和資產價格傳導渠道（主要是股票價格和房地產價格）四個方面進行論述。

人口老齡化對貨幣政策傳導機制四個渠道的影響研究，無論國外還是國內直接可資借鑑的文獻寥寥，並且主要集中在人口老齡化對儲蓄率、資本市場特別是股票市場等少數領域，國外研究主要以實證為主，國內研究近年來開始注重實證研究，形成了不少的研究成果。

2.3.1.1 人口老齡化對利率傳導機制的影響研究

縱觀利率理論發展演變，不管是古典利率理論還是凱恩斯主義抑或是著名的 IS-LM 模型分析利率理論，均認為儲蓄與投資是利率的主要決定因素。因此，人口老齡化對利率傳導機制的影響主要體現在人口老齡化背景下對企業和個人的儲蓄和投資造成的影響方面。

人口老齡化對儲蓄的影響，從宏觀方面分析，無論是從儲蓄還是消費的角度，老年撫養比上升對儲蓄具有顯著的負效應。Li et al.（2007）、Kelley 和 Schmidt（1996）、Higgins（1998）等的研究莫不如此。Alan J. Auerbach 等（1989）通過動態一般均衡模型對日本、德國、瑞典以及美國等 OECD 國家有關數據分析技術變化、經濟對國際貿易開放的可能性，以及政府基於人口年齡結構的消費支出，發現這些變化將會對國家的儲蓄率、真實工資等產生主要的影響。但部分學者 Miles（1999）、Deaton 和 Paxson（2000）、Lee et al.（2000）等從微觀視角得出不同的結論，並分析了得到不同結論的具體原因，認為通過家庭資產調查數據分析表明家庭資產的高儲蓄率將降低人口年齡結構對儲蓄的影響，如果家庭儲蓄中包含過高的養老資產，那麼人口老齡化對儲蓄率的影響就有限。Bloom 等（2005）認為，由於工作週期延長，人們有更多機會對儲蓄資產進行組合以獲得最優組合收益，從而在退休階段獲得更多財富。

生命週期理論被美國著名經濟學家薩繆爾森等用於投資消費領域研究，他們採取實證分析方法，構建了一個關於消費投資配置的動態模型，並借用美國數學家 R. E. Bellman 創造的動態規劃方法對個人投資者在其生命週期中是怎樣來調整他們的投資組合進行分析，認為一般情況下個人投資股票比例隨年齡增加而遞減。Campbell（2005）認為個人投資者隨著年齡的增長其投資偏好將出現不同，當進入老年時，將減少投資高風險的資產比例，增加無風險資產配置規模，強調流動性，更加注重資產收益，滿足資產安全性需求。Luigi Guiso 等（2002）考察分析了美國等 7 個發達國家的家庭資產情況，並對家庭資產配置的影響因素進行實證分析，研究發現在這 7 個國家中，家庭財富對股票等高風險資產的需求影響在所有變量中表現得更為明顯，其中，貧弱的家庭對股票等高風險資產的需求相

對較少。根據生命週期理論，特別是在發達國家，個人和家庭財富隨著生命週期的延長而增長，因此，從總體上來講生命週期長的家庭，其擁有的財富明顯多於生命週期短的家庭，也從另外一個角度說明年齡高的家庭投資股票的份額自然要高些。

在國內研究方面，不少專家學者從不同角度對影響我國儲蓄和投資的因素進行分析，其中一個重要的原因就是人口年齡結構變化的影響。楊繼軍（2009）、唐東波（2007）、王森（2010）等人認為人口老齡化一般會使得居民最優儲蓄增加，不論是短期還是長期，人口年齡結構對中國居民儲蓄都具有顯著的擴張性影響。汪偉（2009）認為在我國市場經濟轉型過程中，出現高儲蓄率的主要原因是經濟的高速增長與我國人口紅利的增加導致老年和少兒撫養系數的下降，同時，經濟增長導致的高儲蓄率還將因為我國勞動適齡人口數量的增加而被持續推高，但將隨著人口老齡化進程的不斷深入而出現弱化趨勢。

朱超、周曄、張林杰（2012）利用37個亞洲國家和地區1993—2007年的宏觀經濟數據分析了人口年齡結構與儲蓄投資的關係，發現人口年齡結構的儲蓄效應存在，符合生命週期假設，投資率與人口結構的關係不明顯，老年人口撫養比效應對於外部均衡非常顯著。王品春（1997）認為人口老化和老年人口的增長會導致消費基金的不斷膨脹，累積基金逐漸萎縮，人口老化還會影響累積和消費分配比例，使資源的配置向不利於經濟發展的方向轉變。

2.3.1.2 人口老齡化對貨幣政策信貸傳導機制的影響研究

不管是成熟的市場經濟體還是發展中國家，人口老齡化對信貸傳導渠道的影響主要表現在中央銀行的信貸政策以及商業銀行的信貸行為兩個方面。隨著人口老齡化的深化，將對一國政府的社會保障制度造成衝擊，進而影響公共財政支出規模，造成中央銀行的財政性貨幣發行，引發通貨膨脹危機。人口老齡化也將影響一國的產業結構調整和家庭養老支出，對商業銀行的信貸規模和個人消費貸款帶來影響，從而影響貨幣政策目標的實現。

Walsh（1998）認為，貨幣政策在傳導過程中，金融市場上借貸雙方的信息出現不對稱，或者是借款人面臨金融機構實施信貸配給

制度情況下，貨幣政策傳導機制中的信貸渠道就發揮作用了。Bernanke、Gertler 和 Gilchrist（1996）提出「金融加速器」效應，該理論認為當企業的資產負債表因為受到貨幣政策衝擊而出現波動，企業從金融機構獲取貸款的抵押物資產淨額下降，其獲得貸款的能力將受到影響，從而放大了中央銀行貨幣政策的實施對實體經濟造成的影響。Jaffee、Stiglitz（1990）指出，信貸配給行為代表著價格配給，更大的貸款往往伴隨更高的違約率，於是利率水平將越高。

　　Ralph C. Bryant 和 Delia Velculescu（2002）認為，通過養老金制度對老年人的轉移和父母對子女的轉移在重要宏觀經濟變量中通常起抵消作用，由生育率降低導致的低撫養比率緩和了人口老齡化的部分負面影響。Mario Catalan、Jaime Guajardo 和 W. Hoffmaister（2010）認為在全球老齡化背景下，世界範圍的真實利率將下降，更低的利率將會導致更高的資本勞動比率並且提升工資，更高的工資將會被傳遞到養老金福利上，惡化與老齡化相關的財政壓力，提升稅收並且減少消費量和福利。如果按養老金名義工資而不是價格來編製，這種轉嫁到消費者的效應將會越來越強。Adema 和 Ladaique（2011）認為，如果人口結構按照預測的方向持續快速老齡化，將給財政帶來難以為繼的巨大壓力。

　　國內研究方面，謝平（2000），夏德仁等（2003），李安勇、白欽先（2006），劉降斌、潘慧（2011）認為當前我國信貸傳導渠道仍然是主要渠道。劉麗萍（2008）認為，由於我國利率市場化程度低、資本市場不完善、借貸雙方信息不對稱和社會保障體系不健全對社會公眾未來預期的不確定性等因素的影響，導致我國貨幣政策的信貸渠道不暢通。高淑紅（2011）、李洪心（2012）等研究發現，社會保障水平與財政支出規模有著顯著的正向關係；老年人口的增加、老年撫養比的增高對財政支出規模的擴大也起了一定作用。張群、孫志燕（2013）認為老齡人口比例與公共財政支出規模呈現較強的正相關性，人口結構的變化對公共財政開支的影響要遠大於人口總量對公共財政開支的變化。

2.3.1.3　人口老齡化對貨幣政策匯率傳導機制的影響研究

　　儲蓄、投資、國民收入等經濟變量是決定匯率的重要因素，因

此人口老齡化通過顯著影響消費結構、儲蓄率以及物價水平從而對實際匯率產生影響。Jacob Braude（2000）研究了年齡結構與實際匯率之間的關係，認為在發達國家中，老年人口撫養比與勞動年齡人口價格水平相關聯，實際匯率反應了相對非貿易品價格。Ruhul Salim、Kamrul Hassan（2013）對 23 個 OECD 國家的人口年齡結構和實際匯率的關係進行了檢驗，結果顯示，工作和老年人的比例對於實際匯率有顯著的正向影響。老年人傾向於更少的儲蓄，有著更高的投資需求，從而導致了實際匯率的上升。該研究結論與 2005 年和 2006 年 Anderso 和 Sterholm 的研究結論是一致的。

從理論上分析，人口年齡結構對實際匯率造成的影響路徑，國外經濟學家主要歸結為兩個方面：一是「需求結構效應」。Bryant、Faruqee、Velculescu et al.（2004）認為兒童和老年人與勞動適齡人口相比，其需求層次不一樣，兒童會更多消費於教育、老年人更多消費於醫療等非貿易品，因此當一個國家老年人口和兒童的比例增加將提升這兩類人群對非貿易商品的需求程度，從而提高非貿易商品的價格，進而導致實際匯率升值。二是「經常帳戶效應」。Spengler（1951）認為，根據生命週期假說理論，人口年齡結構的變化會引起個人和家庭儲蓄投資策略的調整，從而通過國際收支的經常帳戶對實際匯率造成影響。兒童和老年人均無生產能力，人口老齡化意味著跨期平滑消費工作時期的收入，經常帳戶將出現赤字，導致實際匯率出現升值。此外，人口老齡化將影響國際資本流動，國際資本將從老齡化國家流向年輕化國家，從而帶來實際匯率的升值。

在我國，高山、崔彥宗等（2011），賀建清、胡林龍（2010），張慶元（2004）認為貨幣政策的匯率傳導渠道在我國是有效的。楊長江、皇甫秉超（2010）構建了一個反應人口年齡結構對實際匯率影響機制的理論模型，並利用 1990—2008 年以居民消費價格指數（簡稱 CPI）為基礎的中美實際匯率數據進行實證研究，發現我國人口年齡結構對實際匯率的影響變化不僅通過「需求結構效應」和「經常帳戶效應」這兩個傳統路徑對匯率傳導機制產生影響，在中國等發展中國家還通過「要素稟賦效應」和「巴拉薩-薩繆爾森效應」

這兩大相並立的影響路徑產生重要的影響。池光勝（2013），朱超、張林杰（2012）認為在經常帳戶強慣性的基礎上，人口結構效應能在一定程度上解釋經常帳戶或國際資本流動，且老年人口結構效應比少兒人口結構效應更加顯著。劉沁清（2011）在匯率槓桿模型中加入人口參數，通過實證研究，對影響匯率的價格、投資等中間目標和物價、產出等最終目標進行分析，發現匯率政策對解決老齡化進程中外部平衡問題最為有效，其次是老齡化進程中的支出和收入結構調整，人口老齡化對社會總產出等宏觀經濟目標的影響較小，貨幣政策匯率傳導機制在我國存在路徑依賴。

2.3.1.4 人口老齡化對貨幣政策資產價格傳導機制的影響研究

自凱恩斯開始，托賓、莫迪利亞尼等對貨幣政策的資產價格傳導機制都進行過卓越的研究，隨著資本市場的發展，資產價格傳導機制研究取得了豐碩的成果。Barnett（1978）、Hagen 和 T. Fender（1998）、Smets（1997）等從不同角度論證了貨幣政策變動將引起資產價格波動。Brooks（2002）認為人口年齡結構的變化導致老年人口對風險的厭惡程度提高，將把股票等高風險資產轉換為債券等相對安全的資產。Poterba（2001）通過實證分析研究了資本價格和人口年齡結構關係，Abel（2001）在 Poterba 基礎上加入遺產動機等因素進行綜合分析，研究發現資本價格下降的主要原因是資本供給的變化，即使不考慮人口老齡化導致資產需求下降因素，也可能因為資本供給的變化而使資本價格出現波動。Geanakoplos、Magill 和 Quinzii（2002）通過實證研究發現，個人和家庭在整個生命週期內，都會通過投資高風險的資產實現收益的最大化。同時年齡群體的整體差異將影響股票價格的變化，當生育低谷期出生的人群進入工作時期，撫養系數的增加將導致股票價格下降；相反，當在生育高峰期出生的人群進入工作時期，撫養系數的下降將使股票價格上漲兩倍以上；當在生育高峰期出生的人群達到退休年齡而將股票賣給生育低谷期出生的人群時，股票價格將出現下降，這樣股票價格隨整體年齡群體的差異出現週期變動。Siegel（2005），Geanakoplos、Magill 和 Quinzii（2004），Brooks（2006）強調在世界經濟一體化背景下，人口老齡化對資本市場的影響將得到有效緩解。隨著各國匯率管制的

放開，國際資本將在國際自由流動，從而導致資本收益率不因老齡化的影響出現平均化趨勢。

人口老齡化對房地產價格的影響方面，Mankiw Weil（1989）最早研究了美國嬰兒潮一代對住房市場的影響，發現美國嬰兒潮一代進入購房年齡階段，是美國 20 世紀七八十年代住房價格高漲的主要原因，隨著人口出生率的降低、人口老齡化，住房需求降低，住房的真實價格將持續下降。Poterba（1991）認為當生育高峰期出生的人員進入退休年齡時，他們開始減持資產，從而導致資產價格下降，實際利率提高。Bergantino（1998）分析了人口變化對股票和自住住房需求的影響，發現人口變化對資產價格（包括住房價格）有明顯的影響。

在國內，杜本峰（2007），吳義根、賈洪文（2012）認為，人口結構變化與我國居民手持現金、定期儲蓄存款、活期儲蓄存款、債券、股票和保險準備存在相關性，人口老齡化在不同時期將導致資本市場的資金出現變化，老齡人口對高風險資產的審慎態度將影響個人和家庭的金融資產配置，從而對資本市場的資金供給與需求造成影響。陳成鮮、王浣塵（2003）認為，人口老齡化進程中，因為撫養老年人口的因素導致勞動適齡人口投資股市的資金減少，同時勞動適齡人口為保證自身養老的需要將減少投資股市的資金，但人口老齡化使未來的老年人口投資於股市的資金增加。樓當（2006）認為人口老齡化與股市價格波動之間呈顯著的正相關關係，闕麗萍、王海靈（2010）認為中國邁入老齡化社會后資產價格還將呈上升趨勢，並在 2015 年左右達到峰值，之後可能進入下降週期。在人口老齡化對房地產的影響方面，趙君麗（2002）認為人口結構變化與住宅需求變化直接相關，方圓（2012）研究發現，人口撫養率的變化、工作人群絕對收入的增長情況都對房屋銷售價格的波動造成顯著影響，並且這種影響的顯著性達到 90% 以上。一個城市或國家的老齡化程度也對房地產價格形成影響，當老年人口高齡化，或者老年人口系數增加時，將導致房地產市場持續長久地陷入低迷。

2.3.2 研究總結與評述

西方貨幣政策傳導理論研究主要在凱恩斯主義學派和貨幣學派

的爭論中不斷得到發展，同時不同經濟學流派對貨幣政策傳導問題的理論爭鳴，推進了西方貨幣政策傳導理論完整體系的形成，為西方發達的市場經濟國家加強和改進宏觀調控提供了重要的理論支撐和決策參考。人口年齡結構的變化對經濟社會發展影響的研究伴隨著人口理論的發展而演變成為人口學理論的重要組成部分。人口老齡化問題的必然性、複雜性、多元性和艱鉅性，使得人口老齡化的研究成為跨學科交叉融合的綜合性問題。通過梳理這些相關研究，不難發現其具有以下幾個特點：

（1）從研究方法來看，由於研究範式的差異，國內外對相關問題的研究呈現不同的階段性特徵。國外學者大多採用實證研究，通過理論模型的構建和不同的賦值，採用模擬方法進行研究，也有一些學者採用面板數據模型、VAR模型等計量迴歸進行計算和分析。國內學者在2000年以前，主要以定性研究為主，站在經濟發展的宏觀角度進行文字闡釋，動之以情曉之以理，缺乏科學的判斷依據。2000以后，隨著國內理論研究領域研究範式的轉變，一大批年輕的學者借鑑西方先進的研究範式，逐步採取定性與定量相結合，以實證研究為主的研究範式，摸索出一套適合我國基本情況的研究方法。

（2）從研究比較來看，國外研究微觀寬泛，國內研究宏觀滯后。國內研究主要集中討論人口年齡結構的變化對資產價格的影響、人口老齡化對投資的變化以及對經濟增長的宏觀影響，特別是我國高儲蓄率的探究方面著力最多，試圖從不同的角度找尋出高儲蓄率的成因及變化趨勢對中國經濟發展影響的對策和建議；同時，隨著我國老齡化進程的加深，我國養老保險制度的建立和完善，國內學者從社會保障角度入手，對我國人口老齡化帶來的系列問題進行關注和探討。至於其他領域的研究，涉及很少，只言片語，並且很宏觀，與我國老齡化帶來的各種影響相比，呈現出明顯的滯后性。國外人口老齡化的研究，主要從微觀入手，以小博大，涉及經濟生活的方方面面，並借助其規範的研究思維，翔實的數據分析，形成系統的研究積澱，從而對我國相關問題的研究提供了可貴的研究借鑑。

（3）從研究目標來看，在相關研究中，由於數據取得相對容易和完備，人口年齡結構變化對資本市場特別是股票市場的研究相對

充分，但由於我國實行管制利率和有管理的浮動匯率制度，人民幣利率和匯率市場化改革適逢進入攻堅階段，因此直接討論人口老齡化對利率匯率影響的文獻非常少，加上我國傳統的信貸管理模式，信貸傳導基本上一家獨大，研究者主要集中在信貸傳導改革發展上，而對其影響因素特別是人口因素基本上沒有涉及。

（4）從研究結論上看，學術爭鳴，精彩紛呈，一些研究結果具有一致性，主要結論有以下方面：

從宏觀趨勢考察：①大多數學者都傾向於人口老齡化對經濟發展以負面影響為主，特別是在產業結構調整初期，將出現發展陣痛，儘管機遇與挑戰並存，但挑戰大於機遇，在社會保障制度構建與完善、養老保險改革、養老產業扶持與發展、金融安全與穩定等方面都將帶來不利影響。②世界人口老齡化的發展趨勢與我國人口老齡化特點的研究和總結，我國「未富先老」背景及應對。③國內的理論研究，大多是借鑑國外發達的市場經濟理論，由於貨幣政策傳導環境的差異、傳導渠道的差異、仲介目標的差異、傳導載體的差異以及傳導受體的差異，相關研究邏輯起點的不同導致研究的針對性和實效性可能出現偏差。

從微觀研究結論看：①人口年齡結構決定儲蓄率，決定儲蓄的跨時間轉移，老年撫養系數的提高，整個社會的儲蓄率將降低，投資出現分化。②人口老齡化對信貸傳導機制影響較小。③在利率和匯率市場化改革未完成前，人口老齡化對利率和匯率傳導機制影響較小。④老齡人口比例與公共財政支出規模呈現較強的正相關。⑤各國間人口老齡化的差異是造成國際資本流動的重要原因。⑥人口老齡化與股票價格及其收益率之間存在弱的負相關。

3 人口老齡化及老年人口的金融行為分析

3.1 人口老齡化現狀及特點

3.1.1 人口老齡化現狀

人口老齡化是一個全球性現象。2013年年底，全世界210個國家和地區中，有95個已進入老齡化。目前，65歲及以上人口占總人口的比例達到了8%，預計到2050年，65歲及以上人口占總人口的比例將達到21%[①]（見表3-1），意味著每5個人中就有一位老年人。

表3-1　　　　　若干國家人口老齡化速度比較

若干國家人口老齡化速度比較				
國家	65歲+老年人口比達到的時間（年份）			從7%到14%所需時間（年）	從14%到20%所需時間（年）
	7%	14%	20%		
英國	1930	1975	2027	45	52
瑞典	1890	1975	2012	85	37
法國	1865	1995	2019	130	24
美國	1945	2015	2050	70	35

---

① 美國人口諮詢局，2013年世界人口數據表。

表3-1(續)

若干國家人口老齡化速度比較				
國家	65歲+老年人口比達到的時間（年份）		從7%到14%所需時間（年）	從14%到20%所需時間（年）
	7%	14%	20%		
日本	1970	1996	2006	26	10
新加坡	1999	2016	2023	17	7
韓國	2000	2020	2029	26	9
中國	2000	2027	2037	27	10

資料來源：聯合國亞洲及太平洋社會經濟委員會、日本家庭計劃國際合作協會編，亞太人口老齡化，第9頁。

人口老齡化的狀態分佈與經濟社會發展狀況緊密相連，發達國家和地區的人口老齡化程度遠遠高於發展中國家和地區。2013年發達國家和地區65歲及以上人口占總人口的比例為17%，其中歐洲45個國家和地區已整體邁入老齡化，發展中國家和地區為6%，最不發達國家僅為3%。世界部分國家、地區人口老齡化水平與人均國民收入情況比較見表3-2。

表3-2　世界部分國家、地區人口老齡化水平與人均國民收入情況比較

國家或地區	65歲及以上人口比例%	人均國民收入（美元）	國家或地區	65歲及以上人口比例%	人均國民收入（美元）
世界平均	8	11,690	土耳其	8	17,500
美國	14	50,610	南非	5	11,190
芬蘭	19	38,210	波蘭	14	20,920
俄羅斯	13	22,760	巴西	7	1,170
日本	25	36,320	瑞典	19	43,160
德國	21	41,370	挪威	16	64,030
法國	17	36,460	伊朗	5	10,320
加拿大	15	42,690	泰國	10	9,430

表3-2(續)

國家或地區	65歲及以上人口比例%	人均國民收入（美元）	國家或地區	65歲及以上人口比例%	人均國民收入（美元）
澳大利亞	14	43,170	中國	9	9,210
義大利	21	32,280	烏克蘭	15	7,290
新加坡	10	61,100	印度尼西亞	5	4,810
中國香港	14	53,050	菲律賓	4	4,400
西班牙	18	31,780	埃及	6	6,640
新西蘭	14	29,960	斯里蘭卡	8	6,120
韓國	11	30,890	蒙古	4	5,100
捷克	16	24,550	印度	6	3,840
波蘭	14	20,920	巴基斯坦	4	3,030

資料來源：美國人口諮詢局，2013年世界人口數據表，http://www.prb.org/。

2000年11月1日我國第五次人口普查數據顯示，65歲及以上的人口為8,811萬人，占總人口的6.96%，2000年12月31日65歲及以上人口為8,913萬人，占總人口比例的7.01%，已經達到老齡化國家標準。根據國家統計局第六次人口普查公報，60歲及以上人口為177,648,705人，占13.26%，其中65歲及以上人口為118,831,709人，占8.87%。同2000年第五次全國人口普查相比，0~14歲人口的比重下降6.29個百分點，15~59歲人口的比重上升3.36個百分點，60歲及以上人口的比重上升2.93個百分點，65歲及以上人口的比重上升1.91個百分點。根據以上數據可以看出，我國老年人口規模龐大，老年人口比重迅速提高，人口老齡化和高齡化相伴而生，齊頭並進，人口老齡化進入加速期（見圖3-1、圖3-2）。

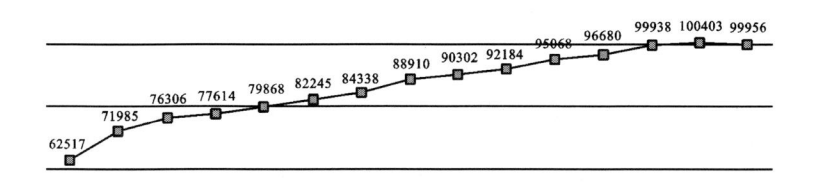

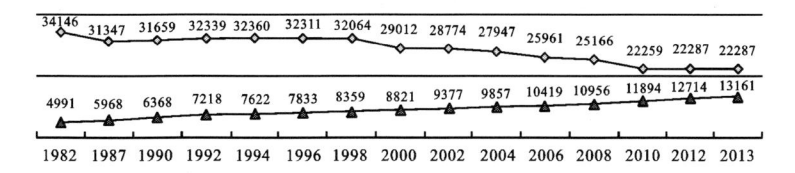

圖 3-1　中國 60 歲及以上老年人口發展趨勢

資料來源：國家統計局，全國年度統計公報相關年度資料整理，http：//www.stats.gov.cn/tjsj/tjgb/ndtjgb/。

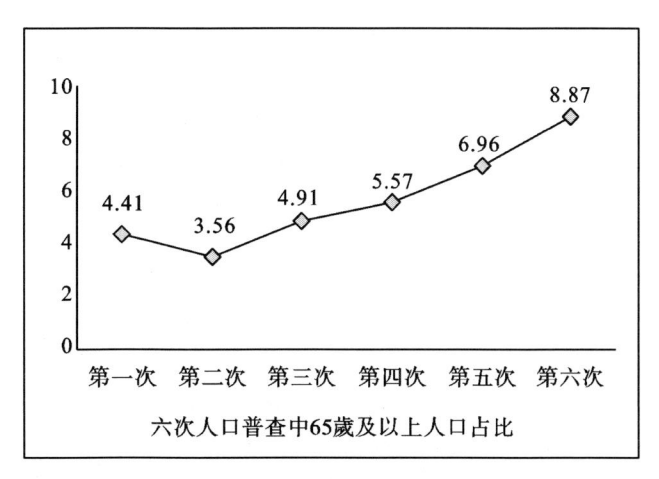

圖 3-2　六次人口普查中 65 歲及以上人口占比

資料來源：國家統計局，全國第六次人口普查數據，http：//www.stats.gov.cn/tjsj/pcsj/。

3.1.2　我國人口老齡化的新特點

面對老齡化這個常提而又新鮮的命題，不少專家學者根據世界

老齡化進程中表現出的一些共同的規律，結合我國人口年齡結構的特殊情況，對我國老齡化的特點進行歸納總結和分析。王克（1987）認為世界上人口老化的特點大致可以分為緩發型和突發型，中國等發展中國家在人口轉變過程中大規模採取控制生育率水平等措施，導致人口年齡結構短期發生明顯的變化，呈現出突發型特點。王先益（1990）總結我國老年人口規模和老齡化程度后認為，我國人口老齡化呈現出四個特點：一是老年人口絕對數大，二是老齡化速度快、程度高，三是老齡化發展具有不平衡性，四是老年人口科學文化素質差等。張淇（2005）認為我國人口老齡化還表現出區域之間發展不均衡和人口老齡化進程超前經濟發展水平，出現「未富先老」現象等特點。李寧華等（2011）在此基礎上還總結出我國人口高齡化趨勢明顯、城鄉倒置顯著、女性老年人口數量多於男性等特點。

我國進入老齡化社會已達 10 余年，隨著我國經濟社會的快速發展以及高齡化增長趨勢，我國當前人口老齡化呈現出一些獨有的新特點和新趨勢。

3.1.2.1 老齡化問題成為社會矛盾的聚焦點

我國人口老齡化期也是經濟發展的轉型期，改革深化的攻堅期，社會矛盾的聚集期，這一時期經濟增長方式的轉變和經濟結構的調整升級，國家財政貨幣政策的調整，造成物價長期上漲，大量職工下崗，失業率上升，貧富差距拉大，經濟問題和社會問題交錯，加重了人口老齡化和社會保障等問題的嚴重性，甚至一些社會道德問題也在老齡化身上找到發泄途徑，成為新聞媒體和社會公眾的聚焦點。因此，我國目前的老齡化問題比其他國家和地區情況更複雜，問題更嚴重，表現更突出，矛盾更深層。

3.1.2.2 老齡化問題凸顯在城市，重點和難點在農村

我國人口老齡化呈現出區域發展不平衡的態勢，表現出由東向西的梯度特徵，經濟發達地區的老齡化程度相對嚴重，欠發達地區相對較輕，從 2012 年中國 31 個省（直轄市）65 歲及以上人口比重區域對比圖（見圖 3-3），就可以清楚地看出這個特徵來。但是從另外一個角度看，2012 年我國農村人口 6.42 億人，全國流動人口 2.36 億人，絕大多數流動人口系農村青壯年從農村流向城市，從西部流

向東部（見圖3-4）。因此，人口老齡化從數字上來看城市和經濟發達地區比較嚴重，但農村大量勞動力的流入，已經大大稀釋了城市和發達地區老齡化帶來的不利影響，但在農村如果按實際留在農村的人口計算，其老齡化程度將大大超過城市和發達地區。再加上農村經濟條件和社會保障條件的限制，農村人口老齡化帶來的問題更為嚴重，如果不引起高度重視，將會帶來重大的社會問題。

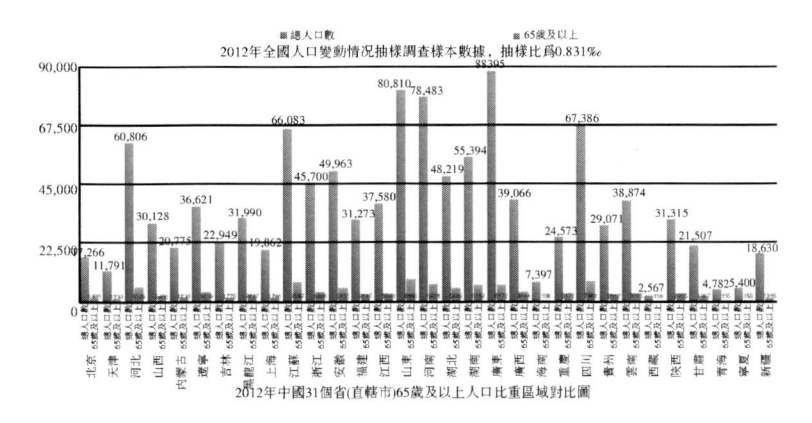

圖 3-3　2012 年中國 31 個省（直轄市）65 歲及以上人口比重區域對比圖

資料來源：國家統計局，《中國統計年鑒（2013 年）》。

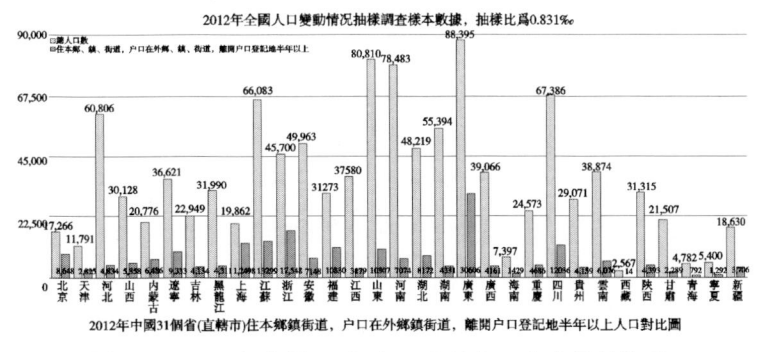

圖 3-4　2012 年中國 31 個省（直轄市）住本鄉鎮街道，戶口在外鄉鎮街道，離開戶口登記地半年以上人口對比圖

資料來源：國家統計局，《中國統計年鑒（2013 年）》。

3　人口老齡化及老年人口的金融行為分析 | 33

3.1.2.3 經濟發展掩蓋了老齡化問題

改革開放以來，我國經濟高速發展，社會公眾從不同層面共享到改革開放帶來的各種利益，人口老齡化作為一個漸進的過程，在勞動就業、教育養老、產業調整等方面帶來的不利影響在積貧積弱的基礎上呈現出「煮蛙效應」。我國老齡化帶來的問題，大多見於學者的吶喊，並沒有得到政府的高度關注，沒有一個整體的宏觀規劃與切實的微觀落實，因而採取頭痛醫頭腳痛醫腳的解決方式。另一方面，老齡化問題被作為市場經濟發展進程中出現的問題，而主要從經濟層面進行解決。同時，由於我國家庭內部資源的代際轉移弱化，在老齡化初期經濟老年人口比例較大，加之我國養老體制的特殊性，不同的社會階層對老齡化的應對措施截然不同，因而一些國外通行的解決老齡化問題的模式在我國不一定適用，一些經濟領域的研究成果轉化的現實性不強，造成理論研究與政府決策的斷裂。

3.2 老年人口的金融行為分析

3.2.1 行為金融學與老年人口的金融行為

行為金融學將心理學與經濟學交叉融合，是在突破主流金融學理性經濟人假設條件下而發展起來的一門交叉學科，認為人類的行為並非都是理性的，在金融活動中將出現過度反應、羊群效應等非理性行為。曾康霖（2003）認為行為金融學是在評論數理金融學的基礎上建立起來的，主要研究投資者心理與行為的關係，在一定程度上對金融市場的異常現象給予了合理的解釋。粟勤、賴叔懿（2006）運用行為金融學研究了我國居民儲蓄現象，認為隨著理性行為外部約束條件的改善，居民儲蓄的利率彈性將提高，儲蓄行為將趨於理性化。

汪丁丁（2010）研究了個體理性的演變過程，認為隨著年齡的增加，個體記憶力逐漸衰退，理解力逐漸提升，理性決策能力在65歲左右達到峰值，之後不斷下降（見圖3-5）。個體的理性決策主要來源於習俗、獨立探索和對成功決策的模仿。從個體理性的演變過

程可以看出，老年人口人生閱歷越豐富，對新鮮事物的認識穿透力更強，較強的理性決策能力導致其不願意冒險，對金融資產的預期定價一般持保守態度，並成為決策金融行為的指導方略。

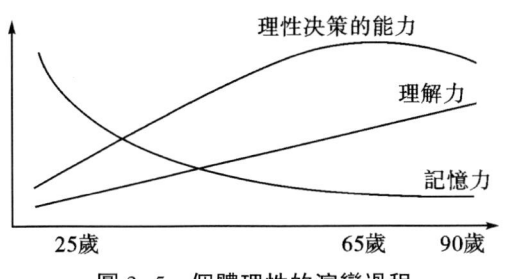

圖 3-5　個體理性的演變過程

隨著老齡化社會逐漸深入，老年人將成為金融資產的重要持有者，因此人口老齡化必將對金融業產生重大影響。老年人基於個體的理性決策行為，在管理金融資產時成為風險規避者，從而表現出與年輕人口不一樣的金融行為。

3.2.2　老年人口的金融行為特徵分析

3.2.2.1　較強的儲蓄傾向

莫迪利亞尼認為，理性的消費者要根據一生的收入來安排自己的消費與儲蓄，使一生的收入與消費相匹配。Kelley 和 Schmidt（1996）、Horioka（1997）、Erlandsen 和 Nymoen（2008）等證明了人口老齡化與儲蓄負相關。鄭輝（2011）在對國民儲蓄率的影響因素進行深入分析的基礎上，發現我國老年人口撫養比具有較強的正向影響。範敘春、朱保華（2012）認為人口預期壽命增長（死亡率下降）提高了我國的國民儲蓄率。李儉富（2008）分析了經濟變量、人口結構變量與儲蓄率的關係，發現前一期的儲蓄率對當期具有決定性影響，儲蓄率與經濟增長率、計劃生育政策和以滯後性代表的儲蓄習性存在顯著正相關。

我國現在的老年人大多經歷過戰爭或者饑荒，缺衣少食的深刻記憶以及經濟轉型期少數老年人老無所養的負面案例，造成了他們普遍注重節儉，更加關注退休后生活安排，因而比年輕人具有更為強烈的儲蓄傾向。由於沒有其他收入來源，老年人對金融風險具有

天然的厭惡性，在金融產品的選擇方面注重投資的安全性，更傾向於收益低風險低的儲蓄類產品。另一方面，由於金融創新層出不窮，美國次貸危機引發全球金融危機的教訓歷歷在目，再加上我國養老保險制度還不是十分健全，使得老年人不願參與和接受新的金融產品。由於老年人口的個體理性決策行為，並加之我國傳統文化的影響和獨特的時代背景，我國老年人口呈現出較強的儲蓄傾向。

3.2.2.2 特殊的投資與消費行為

2005年國家統計局對我國老年人口的主要經濟來源進行了一次抽樣調查，2010年全國第六次人口普查將老年人口的主要經濟來源作為調查對象進行統計，從統計數據（見表3-3）可以看出，我國老年人口依靠家庭其他成員供養的比例下降，而自主掌握生活來源，包括勞動收入、離退休金養老金、最低生活保障金、財產性收入等都得到不同程度的提高，這表明老年人擁有自有資金的人數持續提升，老年人口自我支配資金進行金融投資與消費的比例逐步增大。

表3-3 我國60歲及以上人口主要生活來源總體情況統計

主要生活來源	2010年 人數	2010年 百分比	2005年 人數	2005年 百分比
總計	17,658,702	100	2,209,366	100
勞動收入	5,133,917	29.07	606,908	25.57
離退休金養老金	4,258,408	24.12	478,482	21.66
失業保險金			1,257	0.06
最低生活保障金	687,524	3.89	39,006	1.77
財產性收入	65,090	0.37	6,521	0.30
家庭其他成員供養	7,190,622	40.72	1,037,322	46.95
其他	323,141	1.83	37,354	1.69

資料來源：國家統計局、全國第六次人口普查數據，2006年中國統計年鑒，http://www.stats.gov.cn/tjsj/pcsj/。

毛中根等（2013）認為收入對消費支出具有顯著影響，人口老齡化降低了城市居民的消費支出。張國華（2000）發現工作期和退休期的長短是影響消費傾向和儲蓄傾向的主要因素。老年人口的理

性決策特徵和金融心理的特殊性，對投資與消費形成特殊的影響。從需求層面看，一方面，老年人口依靠人生累積的豐富經驗，期望將擁有的資金進行合理的投資與消費，減輕老年生活的壓力，提高自主養老的能力和水平。另一方面，由於我國投資渠道狹窄，金融市場特別是證券市場投機氛圍濃鬱，在經歷幾次證券市場的大起大落后，都不敢將養老的資金投資於高風險領域。從供給層面看，我國金融業對人口老齡化帶來的金融契機缺乏應對措施，依舊按照常規的思維方式提供金融產品，難以滿足老年人口日益高漲的金融需求。因此，我國老年人口投資與消費需求的錯位，造成原本理性的投資消費更加謹慎，這既是我國高儲蓄率形成的重要原因，也是我國低風險的國債市場畸形發展的重要體現。

我國人口老齡化將導致資本市場的資金外流。在發達的市場經濟國家，資本市場成熟完善，養老金帳戶管理規範，家庭的大部分資產不是以儲蓄存款而是以非儲蓄的金融資產存在。我國老年人口由於消費支出的增加以及消費支出時間的不確定性，對金融資產的安全性與流動性需求更高，這將導致進入退休期人群遠離高風險的資本市場，隨著老齡化的深入，最終導致資本市場資金外流甚至短缺。

3.2.2.3 家庭內部資源的代際轉移弱化

家庭內部的代際關係以血緣關係和婚姻關係為基礎，是一種資源交換關係。在傳統社會，由於老年人對家庭資源的掌控度較高，使得家庭內部資源的代際轉移成為家庭資源配置的重要形式，形成家庭資源「撫育—反哺」轉移的運行機制。隨著我國經濟社會的轉型，家庭的結構和功能發生了巨大的變化，家庭結構趨於小型化，幾代同在但不同堂，家庭的經濟、養老、生育等功能呈弱化態勢，同時由於個人受教育程度和社會勞動關係的提高，個人財富主要通過個人職業而非家庭代際轉移獲得，從老年人口生活來源統計可以看出，老年人口由家庭其他成員供養的比例2010年比2005年下降了6個百分點。王躍生（2008）認為現代家庭的代際關係已經擺脫了父代絕對支配的單一維度，受多重因素的影響。

另一方面，由於養老保險制度的逐步健全，老年人特別是城市

老年人擁有穩定且較高收入的比例越來越大，老年人口的最低生活保障金顯著提高，勞動收入、離退休金養老金比例逐步擴大，財產性收入進一步增長，因此我國老年人口的經濟養老已不需要子女的過多負擔，家庭內部資源的代際轉移逐漸向社會資源代際轉移傾斜，進而呈現出弱化趨勢。

3.3 人口老齡化催生特殊的金融創新

老年人口特殊的金融行為催生特殊的金融創新。在一個成熟的經濟體，老齡化致使經濟增長潛力較低，金融業承擔著如何向經濟體系的潛力部門提供風險資金以鼓勵企業家穩健承擔風險和提高生產價值的責任，成為聯繫老年人與潛力企業家之間的仲介，金融業必須提供優質的金融產品和服務，為人們提供應對生命中的各類風險和嚴重不確定性的工具，度量、分散和管理各種各樣的風險，使得老年人能夠維繫生活品質的同時推動經濟社會的進步。因此，人口老齡化成為倒逼金融業實施金融創新的重要因素。

杜本峰、張瑞（2008）認為，不同國家和地區的老齡人口數量不同，由此也會給其金融市場帶來不同程度的結果。不同國家和地區間的資金流動在未來也會多多少少受到人口變化所帶來的影響，從某種程度上來講，這為相關的金融產品創造了商機。石睿（2011）認為金融創新是金融領域各種要素的重新優化組合和金融資源的重新配置，對金融市場發展、金融效率提高和金融風險規避具有極大的促進作用。Black（1986）認為金融產品在成為交易合約后，金融創新就成了治理金融領域的道德風險和金融行業與社會公眾信息不對稱的「靈丹妙藥」。根據生命週期假說理論，不同年齡結構的人對儲蓄和投資有不同的偏好，金融業必須意識到，金融創新要隨著顧客在生命週期中的經歷和習慣性偏好的改變而做出選擇，只有適應這種改變才能維持金融業內涵發展旺盛的生命力。

3.3.1 金融創新對貨幣政策的影響

金融創新的實質和內涵就是金融系統對自身的管理體制和運行

機制、金融市場的交易規則和治理能力、金融產品的創設和供給等進行創造性革新,從而挖掘新的增長潛力,創造新的利潤增長點。金融創新作為金融領域改革發展的源泉和不竭的動力,業已成為當前經濟發展的核心內容。

蔣放鳴(2002)認為金融創新對貨幣政策的影響是顯而易見的,這種影響對金融發展的作用既有積極的方面,也有消極的因素。張有、郭紅旗(2008)認為金融創新活動以不同路徑、不同方式對貨幣政策產生影響,使貨幣政策的有效性面臨挑戰,應理性發展金融創新,加快中央銀行貨幣政策調控體系改革。Van Horne(1985)認為金融創新有利於規避金融風險,降低經營成本,增加金融機構流動性,防範和化解金融風險。Tufano(2002)指出金融創新在配置金融資源的同時也對金融風險進行重新配置。中國人民銀行龍岩市中心支行課題組(2009)認為要正確處理金融創新和市場與風險、效益與引導、促進與規範之間的關係,準確把握貨幣政策傳導過程中出現的問題,確保金融穩定。

3.3.1.1 金融創新對貨幣政策工具的影響

(1)減弱了存款準備金的作用和效果。存款準備金是金融機構為保證客戶提取存款和資金清算的需要而準備的在中央銀行的存款。中央銀行通過調整存款準備金率來改變貨幣乘數,從而影響商業銀行的信用創造能力,進而間接控制和調節貨幣供應量。貨幣乘數 k = (Rc+1) / (Rd+Re+Rc)(Rd、Re、Rc 分別代表法定準備金率、超額準備率和現金在存款中的比率),金融創新提高了貨幣的流動性,降低了法定存款準備金率,放大了貨幣乘數,影響到中央銀行對基礎貨幣的創造與控制,破壞了存款準備金的作用機理。同時金融創新提高了資產的證券化水平,大量的資金從存款金融機構流向非存款性金融機構以及金融市場,從而躲避了存款準備金的約束,影響中央銀行通過貨幣政策工具調控銀行體系和社會流動性的作用效果。

(2)弱化了再貼現政策的效果。再貼現是中央銀行通過買進商業銀行持有的已貼現但尚未到期的商業匯票,向商業銀行提供融資支持的行為。中央銀行通過再貼現率來對商業銀行的流動性進行調控,是一種被動性的貨幣政策工具。金融創新使再貼現的條件進一

步寬泛化，從而使中央銀行再貼現政策的被動性進一步增加，削弱了金融機構對再貼現率的依賴程度，影響了再貼現政策的實施效果。

（3）強化了公開市場業務的作用。公開市場業務是指中央銀行通過在公開市場買進或賣出有價證券的活動。中央銀行通過買賣有價證券，吞吐基礎貨幣，從而調節貨幣供應量。在當前金融市場全球一體化的背景下，金融創新使各種金融衍生工具相互衍生，相互嫁接，金融創新產品層出不窮，提高了金融市場的深度。同時金融創新強化了政府的融資功能，提高了債券市場的活力，加快了資產證券化步伐，為中央銀行通過公開市場調節社會流動性提供了更寬大的舞臺和更廣闊的空間。

3.3.1.2　金融創新對貨幣政策傳導機制的影響

（1）金融創新使貨幣政策傳導機制發生深刻的變化，加大了中央銀行執行貨幣政策的難度，削弱了對貨幣的控制能力。一方面金融創新使傳統的貨幣政策傳導機制受阻，例如金融創新改變了信貸供給與信貸配給的信息不對稱，影響社會公眾的投資需求，必然影響信貸傳導渠道的暢通。另一方面金融創新改變了商業銀行的存款結構，大量的影子銀行分流了商業銀行的資金來源，影響商業銀行的資金頭寸，降低了中央銀行存款準備金政策的實施效果。此外，金融創新加劇了資金的國際流動，國內金融機構可以通過國際金融市場籌措或轉移資金，削弱了中央銀行擴張或者緊縮貨幣政策的實施效果。

（2）金融創新進一步加大了貨幣政策傳導的時滯性。貨幣政策時滯是指貨幣政策從制定到最終影響各經濟變量，實現政策目標所經過的時間，也就是貨幣政策傳導過程所需要的時間。金融創新使金融市場層次更多，渠道更廣，運行更複雜，中央銀行對金融市場的把握難度更大，將影響中央銀行的決策與判斷。同時大量金融衍生產品的出現，使利率傳導和匯率傳導渠道出現不確定性，傳導時間難以控制，進一步加大了貨幣政策時滯，從而影響貨幣政策的實施效果。

3.3.1.3　金融創新對貨幣政策有效性的影響

（1）金融創新降低了單一性貨幣政策的作用效果。金融創新使

得中央銀行在面對金融市場時需要考量的情況更趨複雜，在制定和執行貨幣政策，選擇貨幣政策工具時，不再按照傳統的思維定式，採取某一項單一性的貨幣政策工具，而是多項貨幣政策工具同時使用。

（2）金融創新增加了金融業的系統性風險，加劇了金融業之間的競爭。層出不窮的金融產品上演「擊鼓傳花」的游戲，也降低了金融機構的競爭力，影響金融體系的安全性，並可能導致金融危機，由美國次貸危機引發的國際金融危機就是明證。

（3）金融創新對金融穩定具有積極作用。在微觀方面，金融創新轉移和分散了金融機構的經營風險，降低了金融業務的交易成本，提高了信息透明度，滿足了市場主體特別是投資者的多樣化需求，提高了金融機構的資源配置效率。在宏觀方面，金融創新擴大了貨幣乘數，增加了金融機構創造貨幣的能力，滿足了金融體系的流動性需求，提升了貨幣的融通功能。同時，金融創新減小了資產價格的整體波動幅度，能有效緩解金融動盪對經濟造成的負面影響，從而增強貨幣政策有效性。

3.3.2 人口老齡化與金融創新

3.3.2.1 人口老齡化與銀行業務創新

人口老齡化影響到銀行業的顧客基礎，作為一個細分的金融市場，老年人對儲蓄的要求是非常明顯和穩定的，但我國還沒有專門針對老年人或者面向老年群體特點的金融服務與產品，開發適合老年人特點的金融產品以滿足老年人的金融偏好是我國銀行業提升發展內涵的重要內容。

（1）銀行產品與保險產品的結合。老年人對儲蓄與醫療保險有剛性需求，銀行業務與醫療保險業務相結合，開發定向服務老年人的金融產品應該具有十分廣闊的市場。同時，將銀行的儲蓄產品與家庭財產的損失聯繫起來，滿足老年人應付意外之需。比如存入一定期限的存款，享受一定金額的家庭財產意外保險，或者為老年人提供分期貸款投保業務，避免老年人因意外而遭受財產損失。

（2）銀行產品與信託產品的結合。由於家庭內部資源的代際轉

移弱化，開發適宜於老年人的銀行產品與信託產品相結合的金融產品很有必要，老年人喪偶問題很普遍，在重新組成新的家庭后，財產歸屬問題可能引發家庭內部新的矛盾與衝突，將銀行產品與信託產品結合，劃分財產歸屬與代際轉移，無疑具有重要的意義。另外，通過遺囑信託產品，為子女提供生活或教育費用，滿足子女的理財需求和提供持續生活能力服務。

（3）銀行產品與中間業務的結合。老年人由於收入來源有限，因而對養老資金的安排格外審慎，如何為老年人合理安排經濟收入，提供資金保值增值渠道，是銀行業務新的增長點，銀行可以利用信息優勢，為老年人提供個人理財計劃，進行資金流動分析，委託代理機構管理和營運資產，獲得投資收益。

3.3.2.2 人口老齡化與保險業務創新

隨著老齡化的深入，民營保險市場將發揮越來越重要的作用。長期以來，我國老年人的養老保障除參加社會保險機構舉辦的養老保險和醫療保險外，適當參與長壽風險和健康風險保障是重要的途徑。

人壽保險和健康保險一直是我國商業保險公司重要的保險品種，人口老齡化導致這兩種產品需求增加，2012年年底，我國壽險業務保費收入8,908.06億元，比2000年增長了10.5倍，健康險保費收入862.76億元，比2000年增長了10.7倍[①]，老年人對壽險和健康險需求的增加為保險公司帶來了豐厚利潤的同時，也增加了保險公司的社會責任，因此保險公司有義務也有責任開闢新的保險品種，來滿足老年人的健康需求。

（1）增加老年護理保險業務。老年護理保險包括法定護理保險和商業護理保險，前者為生活難以自理的老年人提供最基本的護理保障，后者為老年人提升護理水平和護理質量服務。老年護理保險自1986年以色列推出后，在許多發達國家迅速得到發展，成為保障老年人生活護理質量的重要措施。Garber（1999）指出美國的醫療體制最大的問題就是沒有發展老年護理保險業。Lakdawalla 和 Philipson

---

① 中國保險年鑒社，中國保險年鑒2013.

(2003)認為需要建立一種權利導向的老年護理成本項目,既能使老年人欣然接受,又不會影響受助老人的社會聲譽。

(2)推行住房反向抵押貸款。住房反向抵押貸款指老年人將自己擁有完全產權的住房抵押給銀行或者保險公司,由銀行或者保險公司定期付給一定數額養老金或者提供老年公寓服務的一種新型的養老模式,在老年人離開人世後,銀行或保險公司收回抵押的住房使用權。這種養老方式在美國等國家比較流行,被視為養老保障與金融融合創新的一項重要措施。

(3)推行年金制。年金源自於成熟的市場經濟體,是企業主與員工在自願基礎上建立起來的一種職工福利計劃。企業根據自身經營狀況,結合員工的工資、崗位等提供一定的退休養老金,年金的實質其實是員工應該獲取的勞動報酬但企業以延期的方式進行支付,或者是企業職工分享企業利潤的變通模式。

3.4 人口老齡化催生特殊的金融風險

只要有金融活動,就必然存在金融風險。金融風險是指金融資產在未來一定時期內其預期收益因資產價格的劇烈波動而遭受重大損失的概率。金融是市場經濟體系的動脈,也是市場經濟發展的潤滑劑和推進劑。金融在經濟中的顯性特徵以及自身具有的高風險性及金融危機的多米諾骨牌效應,讓金融體系的安全、高效和穩健運行成為經濟全局的穩定和發展至關重要的因素。金融風險依據不同的標準其分類不同。李東風(1998)認為我國金融風險應劃分為體制性風險、市場風險和經營性風險。馮中聖(1997)將金融風險分為宏觀風險和微觀風險兩大類,宏觀風險分為調控偏差型和制度缺陷型,微觀風險分為資產風險、市場風險、匯率風險、流動性風險等八類。史春魁(2012)按照金融機構的類別將其劃分為銀行風險、證券風險、保險風險、信託風險。馮桂賓(2012)則將金融風險劃分為信譽風險、市場風險、人事風險等。此外,還有學者將金融風險分為金融體系內在風險和外在影響風險等。

人口老齡化的金融風險主要表現為金融體系外在影響的金融風險，也可能導致金融市場風險、證券市場風險、流動性風險、匯率風險等。人口老齡化作為一個漸進過程，不是造成金融風險的核心因素，而是在金融活動中因人口老齡化帶來的不利影響可能對金融業造成潛在損失或者不利趨勢，主要表現在金融資源在老齡化的配置過程中對貨幣政策傳導機制產生的影響和風險，其根源在於經濟主體的內在機制和金融本身的脆弱性。國際貨幣基金組織2012年《全球金融穩定報告》指出，養老問題將對現存的金融保險行業造成巨大挑戰，到2016年總共將有9萬億美元的主權債務將不再安全，也就是說全球安全資產很可能將縮水16%，「長命百歲」可能導致更嚴重的「老無所依」和「長壽版金融危機」的衝擊。

3.4.1 金融脆弱性

簡單地說，金融就是資金的融通。金融業作為資金供求的仲介，其高負債經營的特點決定了金融業脆弱的本性。馬克思認為，貨幣在它產生的時候就已經具有了特定的脆弱性。徐燕（2010）認為金融體系脆弱性就是指由於高風險狀態的存在和演變造成金融體系抵禦風險的能力不足而導致其內在不穩定及易受攻擊性。

Minsky（1982）提出了金融內在脆弱性理論，從企業角度分析了金融脆弱性。黃金老（2001）認為，金融脆弱性從研究對象劃分，可以分為金融市場脆弱性和傳統信貸市場脆弱性。Kregel（1997）在「安全邊界說」中以銀行為視角研究了信貸市場的脆弱性。Keynes、Jorion和Khoury（1971）等從貨幣職能和特徵，以及金融市場資產價格的波動研究了金融市場的脆弱性。

3.4.1.1 傳統信貸市場上的脆弱性

Minsky和Hyman（1982）使用大數據綜合分析了到銀行借款的企業後，將借款企業分為抵補性借款企業、投機性借款企業和旁氏企業三大類，認為商業週期的存在是企業高負債經營的主要誘因，當宏觀經濟形勢向好的方向發展時，絕大多數企業經營狀況趨好，預期收入提高，企業借款的主要動因是進行抵補性融資。隨著經濟形勢的良好發展，整個市場呈現出良好預期，企業紛紛擴大借款規

模，儘管可能出現在一段時期預期收入小於借款本金，有時甚至達不到支付借款利息（在這種狀況下，企業的抵補性融資減少），但為了追求超額利潤，投機性借款企業和旁氏企業借款增加，金融脆弱性越來越嚴重。隨著風險積聚程度的提升，經濟一旦下行，企業預期收益降低，逐漸出現資不抵債狀況，企業的資金鏈斷裂，金融機構破產，資產價格泡沫破滅，就可能爆發階段性的金融危機。Kregel（1997）引用「安全邊界理論」提出了銀行借款的「安全邊界說」，認為商業銀行利用充分的信息優勢，主要關注借款人的信貸記錄而不是預期收入，來確定銀行貸款的安全邊界。由於經濟形勢總是處於不斷變化的過程，未來市場充滿著不確定性因素，因為信息的不對稱性，一些遲緩的，甚至是不知不覺的細微行為將對銀行設定的安全邊界進行侵蝕和影響，金融脆弱性因此而產生。Diamond、Dybvig（1983）提出了著名的D-D模型，認為由於存款人對資金需求的時間要求不同，銀行為了應對存款人的流動性需求，必須保留資產的流動性，一旦銀行資產流動性缺乏，當存款人判斷銀行可能出現問題時，出於安全本能，將會出現擠兌風潮。

3.4.1.2 金融市場上的脆弱性

Keynes、Jorion和Khoury等認為金融市場上的脆弱性主要是來自於資產價格的波動性及波動性的聯動效應。金融資產價格的過度波動是金融體系風險積聚的重要來源，也是金融市場上脆弱性的重要指標，主要表現在以下方面：一是傳統的金融市場脆弱性主要來自於股市的過度波動；二是市場的不完全有效引起金融市場的脆弱性；三是匯率的波動增加金融市場脆弱性。根據戈登模型 $P = D/r + i' + g$（P為股票價格，D為預期基期每股股息，r為貨幣市場利率，i'為股票的風險報酬率，g為股息年增長率）可以看出，股票的市場價格與本國貨幣市場利率成反比，因此貨幣貶值將導致股票市場下跌。這充分說明金融資產價格的波動與主要經濟指標具有高度關聯，世界上發生的主要的金融危機，大都與股票市場的劇烈波動有關。

3.4.1.3 我國的金融脆弱性

隨著我國金融改革的深化，我國金融業逐漸從分業經營分業監管向混業經營分業監管轉變，正規金融與民間金融並存，影子銀行

系統規模龐大，金融業之間債權債務關係複雜，金融行業之間關聯交易進一步加大，可能出現牽一髮而動全身態勢，金融風險在金融企業之間的傳染性和流動性倍增，一旦某個金融機構出現問題，可能導致整個金融體系的崩潰，甚至引發金融危機。

（1）金融體系的缺陷。經過幾十年的發展，我國已經建立起相對完善的金融體系，但在金融轉軌過程中，國有銀行治理結構不徹底，沒有完全按照市場化模式經營與管理，並承了較多的非商業性質的社會責任，一些銀行貸款取向非商業化和對中小企業惜貸，一些商業銀行經營不善，存在大量的不良資產。另外，民營銀行和非存款性金融機構的飛速發展，金融行業競爭慘烈，一些違法經營和不當競爭已累積了很多的金融風險。

（2）銀行體系不完善。由於我國企業直接融資比例較低，商業銀行的貸款成為企業最主要的資金來源。2013年12月末我國金融機構人民幣各項貸款余額71.9萬億元，其中企業及其他部門貸款余額55.18萬億元，占全部貸款總額的77%。① 因此，商業銀行累積的不良資產是我國金融脆弱性的最主要的標誌。我國國有商業銀行儘管在轉制過程中剝離了大量的不良資產，並通過國家財政補充了資本金，提高了商業銀行的資本充足率，但和國外銀行相比，我國商業銀行的資產質量仍然較低，資本結構不合理。商業銀行的資產質量和國有企業的效益存在高度正相關，在我國經濟當前的內外困境下，企業效益的增長預期普遍下調，實體經濟疲軟，虛擬經濟虛旺，影響了商業銀行的經營抉擇，累積的大量的不良資產，以及更大量的潛在風險。

（3）資本市場營運不規範。我國上市公司的公司治理普遍存在問題，控股股東約束力較弱，外部董事制度虛設。證券市場非理性投資氛圍較濃，散戶在證券市場所占比例全球最高，散戶由於信息的不對稱，碎片信息可能影響其投資抉擇，因而出現非理性投資，一旦市場風吹草動，可能給散戶造成重大損失，對證券市場的波動形成較大影響。此外，證券經營機構擁有雄厚的資金，實力強大，

---

① 中國人民銀行，2013年金融統計數據報告。

可以依託其優勢反覆對個股進行炒作，加劇了證券市場的脆弱性。

3.4.2 金融危機

根據《新帕爾格雷夫經濟學大辭典》的解釋，金融危機又稱金融風暴或金融海嘯，是指一個國家或幾個國家與地區的全部或大部分金融指標（貨幣資產、短期利率、證券、不動產價格、企業破產數和金融機構倒閉數等）在短期內出現劇烈波動超出社會經濟體系所能承受的惡化狀況。其基本特徵表現為社會公眾對經濟發展預期普遍悲觀，整個區域內貨幣大幅度貶值，不動產價格暴跌，經濟規模與經濟總量單邊下挫，經濟增長嚴重下滑。金融危機往往伴隨企業大量倒閉，金融行業流動性不足，社會失業率增高，甚至出現社會動盪，有的國家還可能發生政治危機。

3.4.2.1 金融危機的類型及表現特徵

國際貨幣基金組織在《世界經濟展望1998》中將金融危機分為貨幣危機、銀行業危機、外債危機和系統性金融危機。劉斌（2012）將金融危機分為貨幣危機、債務危機、銀行危機和次貸危機。有的學者根據金融危機爆發的原因，將金融危機劃分為內部性金融危機和外部性金融危機，根據金融危機爆發的地理範圍，將金融危機劃分為本土性、區域性和全球性三種類型。

貨幣危機，廣義的貨幣危機泛指匯率的變動幅度超出了一國可承受的範圍。狹義的貨幣危機指實行固定匯率制的國家，在遭受突然的投機性貨幣攻擊或者宏觀經濟嚴重惡化情況下，該國貨幣匯率急遽貶值的現象。以東南亞金融危機為例，1997年2月，國際投資機構突然在金融市場上大量拋售泰銖，引發市場恐慌，掀起了泰銖的拋售風潮，致使泰銖匯率出現大幅度波動，泰銖嚴重貶值，造成泰國金融市場劇烈動盪，爆發金融危機，進而蔓延成為東南亞國家的金融風暴。由泰銖急遽貶值引發的東南亞金融危機沉重地打擊了東南亞國家經濟發展，阻滯了東南亞國家經濟發展的強勁勢頭，造成東南亞國家國內物價不斷上漲，利率居高不下，流動資金緊張，股票債券市場大跌，大量企業外債不斷增加，經營困難，出現倒閉風潮，導致經濟嚴重衰退。

銀行業危機，指由於銀行在經營過程中產生大量不良資產，造成流動性不足，不能如期償付債務，出現支付困難，或者迫使政府出面提供援助，致使金融泡沫破滅而發生的現象。一家銀行的危機發展到一定程度，可能刺激公眾神經，激發羊群效應，產生連鎖反應，進而殃及其他銀行，引起整個金融業的動盪。銀行業危機引發金融泡沫破滅將導致銀行資產負債狀況惡化，銀行不良貸款不斷增加，證券市場低迷，企業融資困難，影響社會經濟發展。

外債危機，指一國政府在國際借貸領域大量負債，超過了自身的清償能力，不能按照預先約定承諾償付債務，從而導致貸款者遭受重大損失的情況。例如 1982 年發生的拉美國家債務危機，由於美元強勁升勢以及大幅提升的利率使以美元為外債的拉美國家償債能力大大下降，墨西哥等國宣布無力還清外債要求延期。拉美債務危機造成了拉美國家債務加劇，資本流出嚴重，經濟停止增長，貧困人口增加等。

次貸危機，2007 年爆發於美國的次貸危機是由於美國的利率上升和住房市場持續降溫，購房者的還貸負擔大增，抵押再融資困難，導致大批次貸的借款人不能按期償還貸款，銀行收回房屋，卻賣不到高價，大面積虧損，引發了次貸危機。次貸危機於 2006 年春季開始逐步顯現，2007 年 8 月席捲美國，進而發展到歐盟和日本等世界主要金融市場。次貸危機引起次級抵押貸款機構破產、投資基金被迫關閉，不僅給金融機構帶來了巨大損失，還導致了市場信心極度匱乏，股市匯市動盪，美國及全球經濟增長放緩。

在世界經濟一體化程度加深的背景下，一國或某區域內爆發的金融危機可能迅速席捲全球，危機的破壞性更強，影響更深，形式多樣混合，極易形成系統性的金融危機，對實體經濟造成危害，對世界經濟發展造成破壞性影響。

3.4.2.2　貨幣政策對金融危機的影響

2007 年美國爆發的次貸危機迅速演變成為全球金融危機，對世界經濟發展帶來長久的不利影響。危機爆發后，各國經濟學家和政府當局對危機爆發的背景與原因、治理與對策、反思與防範進行分析和研究，紛紛對國際貨幣體系和美國貨幣政策提出質疑，又一次

掀起了對貨幣政策理論研究的熱潮。Taylor（2009）對美聯儲 2000—2006 年實施的貨幣政策進行分析後認為，美國寬鬆的貨幣政策是危機爆發的重要原因。國際清算銀行在《國際清算銀行 2008—2009 年度報告》（2010）中指出，全球經濟發展失衡和長期持續的低利率政策是危機爆發的兩大宏觀經濟原因。

金融危機與國際貨幣體系。世界金融危機的爆發，擾亂了業已混亂的國際金融秩序，加劇了國際金融動盪，導致國際貨幣體系的重構。金本位制國際貨幣體系形成於 19 世紀 80 年代，以黃金為通用貨幣，這種貨幣體系在 20 世紀 30 年代世界經濟大蕭條大危機中，迅速土崩瓦解。1944 年，美國依靠強大的經濟實力，主導簽訂了《布雷頓森林協定》，世界金融進入了美元與黃金掛勾，其他國家的貨幣與美元掛勾的布雷頓森林體系。20 世紀 70 年代開始，美國陷入「特里芬兩難」，由於巨額財政赤字和信用的擴張，國際收支信用下跌到冰點，國際金融市場大規模拋售美元，爆發「美元危機」，美國宣告停止世界各國以美元兌換黃金，布雷頓森林國際貨幣體系徹底崩潰。1976 年，國際貨幣基金組織在牙買加簽訂了「牙買加協定」，就匯率體系、黃金、擴大國際貨幣基金組織對發展中國家的資金融通、增加會員國在國際貨幣基金組織份額等達成一致意見，世界金融從此進入牙買加國際貨幣體系。20 世紀 90 年代以來，世界範圍內的金融危機此起彼伏，牙買加體系千瘡百孔、搖搖欲墜，已阻礙了世界經濟發展的步伐。各國政府和經濟學家就建立新的世界貨幣金融體系提出改革建議，周小川（2009）提出構建「超主權儲備貨幣」，哈佛大學教授、國際貨幣基金組織前首席經濟學家 Kenneth Rogoff 建議建立多元貨幣儲備體系。因此，李若谷（2010）認為，不合理的國際貨幣體系使金融危機危及全球經濟。

金融危機對貨幣政策有效性的影響。Frederic S. Mishkin（2006）認為，在金融危機背景下貨幣管理當局應當採取更加積極的貨幣政策，抵減貨幣政策的負循環效應。鄧翔（2008）認為美國金融危機爆發的深層原因是金融監管未能跟上金融創新的步伐，從而導致監管的缺失。盧君生（2010）研究發現，自金融危機爆發以來，我國貨幣政策對於經濟增長的刺激作用是顯著有效的，沒有陷入與 20 世

紀90年代日本經濟相類似的「流動性陷阱」的困境。

金融危機發生后，泛濫的金融衍生產品成為罪魁禍首，大量的證券化資產價格暴跌，成批的金融機構陷入深淵，金融機構為了降低經營風險，紛紛收縮信用，更加速了危機的形成與傳播，整個社會進入通貨緊縮階段。政府和貨幣管理當局為化解金融危機，採取積極的財政政策和貨幣政策對經濟實施強力干預。積極的貨幣政策通過信貸渠道、利率渠道、匯率渠道和資產價格渠道四種傳導機制直接作用於金融機構、市場主體和消費者個人。貨幣管理當局通過調整存款準備金率和再貼現率以及在公開市場買賣證券來調節貨幣供應量，通過改變基礎貨幣供應量來調節貨幣流通量，影響市場的利率和匯率水平，進而影響投資和消費。

貨幣主義學派和理性預期學派認為，貨幣政策是中性的，不會影響實際產出與資源的配置，凱恩斯主義認為貨幣政策能夠促進實體經濟的增長，是有效的。Otrok（1994）通過對美國、澳大利亞兩個國家的貨幣供給量和GDP進行實證分析，認為貨幣政策並非完全是中性。劉斌（2001）認為中國的貨幣政策短期內對實體經濟是有衝擊的，但是從長期來看，貨幣政策的有效性越來越弱。劉金全、鄭挺國（2006）研究發現，中國貨幣政策的作用具有明顯的不對稱性，經濟衰退時期對實體經濟的刺激效果要好於經濟擴張時期的效果。從金融危機爆發背景下各國政府和貨幣管理當局採取的舉措來看，不管貨幣政策的中性與非中性觀點孰是孰非，通過貨幣政策的實施化解金融危機是必然的選擇。儘管美國次貸危機已過時日，但美聯儲繼續實行量化寬松的貨幣政策防範金融風險，是不爭的事實。

3.4.3 人口老齡化與金融風險

中國建投研究中心主任張志前2010年3月在《都是人口老齡化惹的禍》一文中認為，從經濟社會發展的基本要素角度看，希臘債務危機的根本原因是希臘社會的老齡化問題。中國社科院人口所胡偉略研究員反駁了這個觀點，認為歐債危機是歐洲國家自身長期累積的結構性矛盾的一次集中爆發，是財政與貨幣政策二元性矛盾引發的金融經濟危機。英國金融時報記者克里斯‧庫克在2009年4月

《老齡化風險超過金融危機》一文中引用國際貨幣基金組織的預測數據指出，從 2007 年至 2014 年，G20 中工業化國家的平均國債負債率（國債與 GDP 之比）將上升至近 25%，這是一項沉重的負擔，但到 2050 年，這場危機的成本最多只占人口老齡化帶來的財政成本的 5%。雖說這場危機造成了龐大的財政成本，但至少在發達國家，長期財政償付能力面臨的主要威脅仍來自不利的人口變化趨勢。結合世界人口老齡化發展趨勢以及以上作者的觀點可以看出，人口老齡化不僅可能引發金融風險，其危害甚至可能超過金融危機。

人口老齡化引發的金融風險，不僅可能通過貨幣市場、資本市場直接或者間接引發金融動盪（4~7 章將進行相關論述），還可能通過養老保險的制度安排引發金融風險。世界上現行的養老保險制度主要有兩種，就是現收現付制（PAYG）和基金累積制，一些國家實行的混合制其實就是 PAYG 和基金累積制的結合，其中現收現付制被美國、英國和日本等世界上大多數國家採納使用。

3.4.3.1　PAYG（pass as you go）的風險

PAYG 是指同一個時期工作期人口供養該時期老齡人口的養老金制度安排。Nicholas Barr（2003）認為如果採取現收現付制，由於勞動人口減少，社會總產出將下降，養老金的繳費額度將相應減少，可能出現支付危機。程永宏（2005）詳細分析了現收現付制與人口老齡化的關係，發現人口老齡化並不必然導致現收現付制發生支付危機，關鍵在於經濟增長速度與人口老齡化速度之間的差距。何林（2010）認為老齡化問題是現收現付制養老保險面臨的最大問題。袁志剛、葛勁峰（2003）認為現收現付制下人口的變動會影響養老保險的均衡。因此，在老齡化社會，老年撫養比的上升將不斷加重工作期人口的負擔，工作期人口的養老保險繳費金額不得不大幅增加，政府為了緩解繳費率的提高，必然要採取措施解決養老資金的來源問題，就需要通過增發債券來進行融資，以平衡養老保險資金的缺口，部分國家財政赤字需要通過海外融資進行彌補，這樣就將非老齡化國家一併綁架到老齡化戰車上，進而形成世界性聯動影響。隨著老齡化的加深，國民儲蓄下降，導致投資下降，將降低國內經濟增長速度，國家財政彌補養老金的缺口不斷加大，將促使中央銀行

財政性貨幣發行，引發通貨膨脹。在老齡化背景下，國際收支逆差擴大，大量的資金外流將會降低經濟增長速度，引發資本市場動盪，可能觸發系統性金額危機。

3.4.3.2 基金累積制的風險

基金制就是個人在工作期間用累積的繳款所掙取的利息收入提供保險金的制度。具體說來，就是一個人在就業期間向政府管理的養老保險基金繳款，該基金隨著時間的推移不斷生息增值，當這個人退休后，其所獲養老金來自於該基金的利息收入。Arrow（1971）認為，隨著財富的增加，人們對風險的厭惡程度將隨之增加，老年人對風險有較高的厭惡度。Abel（1999）指出當戰后嬰兒潮處在年輕的時候，因大量購買股票導致股票價格上升，在其退休時相繼賣出股票，導致股票價格下降。鄭功成（2010）認為中國養老保險的持久風險來源是基金貶值風險。Nicholas Barr（2003）認為人口老齡化雖然不會減少名義上的養老基金，但社會總產出的下降，相同條件下將降低老年人口實際獲得的產品數量，發生需求拉動型通貨膨脹。因此人口老齡化對資產價格波動的影響，是人口老齡化對基金累積制的最大的風險。

3.4.3.3 人口老齡化與我國養老保險制度的金融風險

新中國成立以來，我國養老保險制度經過不斷的改革與實踐，形成了「統帳結合」的混合型養老保險制度。統帳結合就是「社會統籌與個人帳戶相結合」，由企業和個人共同繳費，養老保險機構為每個人建立個人養老保險基金帳戶，個人按工資一定的比例向個人帳戶繳納養老金，企業繳納的養老金納入國家養老保險統籌基金，成為全體參保人員的共同基金。統帳結合的養老保險制度可以形成一定的資金累積，能夠做實個人帳戶，減少空帳運行，同時也不失靈活性。統帳結合的養老保險制度避免了現收現付制下勞動適齡人口負擔過重問題，也避免了實行完全累積制初期大量的養老資金需求。這種制度安排減輕了我國人口老齡化帶來的不利影響，也充分考慮到了個人帳戶養老金代際轉移和分配，符合我國社會保障體制機制改革的宗旨，也體現出養老保險的公平性。伴隨我國低出生率和低死亡率，老齡化程度加深對我國養老保險制度提出了新的挑戰。

胡曉華等（2013）認為老齡化導致我國贍養比不斷提高，制度供養人數增加，進而加重政府財政負擔。趙竹青（2013）認為隨著退休人口壽命延長，養老保險基金給付週期將延長，同時由於生活水平的提高，養老金支付費用將相對增長。孫祁祥、朱俊生（2008）認為我國人口年齡結構的轉變與現行的養老保險制度之間存在著老年人口貧困與養老保障水平降低之間的矛盾等五大矛盾急需解決。徐曉（2012）認為統帳結合的養老保險制度存在隱性債務、資源分配不公、基金保值增值等問題。

　　我國養老保險制度的風險來源。鄭功成（2010）認為，由於我國養老保險特殊的制度設計以及我國傳統的養老保障文化，我國養老保險制度不存在因人口老齡化而出現財務危機，其核心在於養老保險基金的投資風險。因此，我國養老保險制度的風險來源主要有以下方面：一是初次收入分配失衡和勞動報酬持續攀升。勞動者初次收入分配是收入分配中最基礎和最核心部分，從我國國民收入初次分配的總量和結構看，居民收入增長滯后、比重偏低，成為收入分配的弱勢群體，而政府和企事業單位則處於強勢地位，這是造成收入分配失衡的最重要原因。隨著勞動力價格計量逐漸向以社會必要勞動時間計量的勞動價值的提升，勞動報酬近年來呈現整體攀升態勢，這必然導致養老保險費的收繳無法按照實際收入來測算，更無法預測養老保險支取的真實需求。二是養老保險的隱性債務問題。我國在混合型養老保險制度的建設中，對原來沒有個人養老保險帳戶的退休人員在新的個人帳戶領取養老金，國家允許向個人帳戶透支「空帳」運行，由新繳納的養老金和累積資金發放退休金，據《中國養老金發展報告2013》顯示，2012年我國城鎮職工基本養老保險制度的個人帳戶空帳達到2.6萬億元。另一方面，由於老齡化導致制度繳費人數下降，領取養老金人數增加，我國養老保險制度面臨「舊債新帳」的雙重壓力。三是養老保險基金的保值增值問題。我國養老保險基金主要包括城鄉居民基本養老保險基金（2014年2月8日國務院決定合併新型農村社會養老保險和城鎮居民社會養老保險，建立全國統一的城鄉居民基本養老保險制度）、全國社會保障基金和企業年金與職業年金三大部分，僅2012年城鎮職工基本養老

保險個人帳戶累計記帳額達到 29,543 億元①，如此規模巨大的養老保險基金，怎樣實現保值增值，成為當前養老保險制度面臨的重大問題。

我國養老保險制度的金融風險。我國的養老保險制度脫胎於計劃經濟體制，由於制度設計的原因導致先天營養不足，再加之我國金融市場品種單一、監管力量分散、基金管理漏洞多等原因導致后天發育不良，必然導致我國養老保險制度面臨各種各樣的金融風險。一是基金投資風險。2000 年 8 月，國務院決定建立全國社保基金，2001 年 12 月 31 日《全國社會保障基金投資管理暫行辦法》（以下簡稱《暫行辦法》）發布施行，《暫行辦法》第 25 條規定，社保基金投資的範圍限於銀行存款、買賣國債和其他具有良好流動性的金融工具，包括上市流通的證券投資基金、股票、信用等級在投資級以上的企業債、金融債等有價證券。而社保基金理事會直接運作的社保基金僅限於存入銀行和購買國債。2003 年 6 月，全國社保基金以委託投資方式進入證券市場。投資有風險，高收益也就意味著高風險，存入銀行和購買國債的收益率遠遠低於工資增長率，因此其投資收益不能確保其保值增值。由於我國證券市場不規範和完善，投資證券市場風險更大，這種高風險還不能確定能帶來高收益，實際上還成為更大的顯性的風險。二是貨幣貶值風險。當前，世界主要經濟體為促進后危機時代的經濟發展，紛紛效仿美國採取量化寬鬆貨幣政策，國際金融市場通脹壓力驟增，單位貨幣包含的社會財富量減少，對養老保險制度造成長久的主要的風險來源。三是利率風險。利率風險表現為養老保險基金獲得的收益率與資金的社會成本之間存在的差距，趙昕等（2011）經過測算發現我國經濟 10% 左右的高速增長資本的貢獻率為 52.7%，按要素理論推算養老保險基金的報酬率應有 5% 的年收益率，而我國養老保險個人帳戶的年收益率僅為同期銀行利率，銀行利率大致相當於社會資本成本的 50%，因此基金的報酬率遠遠低於社會平均報酬率，養老保險基金面臨巨大的利率風險。

---

① 中國社科院，中國養老金發展報告 2013。

綜上所述，在人口老齡化加深情況下，社會保險制度風險不僅有內部風險和外部風險，還有體制風險與營運風險，因而必須加強風險管理，強化風險控制，把風險控制在最小的範圍，促進我國養老保險事業的健康發展。

4 人口老齡化對貨幣政策利率傳導機制的影響

4.1 貨幣政策利率傳導機制的理論分析

4.1.1 貨幣政策利率傳導機制的主要理論

利率伴隨著資金的讓渡而產生，是貨幣政策傳導機制最主要的渠道和最經典的形式，也是成熟的市場經濟體資源配置最有效和最常用的槓桿。利率直接連接著貨幣資金的供給與需求，是中央銀行傳導貨幣政策最關鍵的工具，自產生以來就受到專家學者最深入和最成體系的研究。貨幣政策利率傳導機制的理論研究從研究的歷史溯源和影響程度看主要包括貨幣數量論、凱恩斯主義、新古典主義、貨幣主義和新凱恩斯主義等主要學說。

4.1.1.1 貨幣數量論

費雪方程式。費雪（Irving Fisher）在 1911 年《貨幣的購買力》一書中提出了著名的費雪方程式：$MV=PT$（M 指貨幣總量，V 指貨幣流通速度，P 指商品的平均價格，T 指總交易商品量），強調貨幣中性命題，認為在 V 與 T 不變的假設條件下，價格水平變動僅源於貨幣數量的變動，當 M 變動時，P 作同比例的變動，因此貨幣供給與一般物價水平同比例變動。

維克塞爾累積過程理論。維克塞爾（Knut Wicksell）在 1898 年《利息與價格》一書中放鬆了關於貨幣流通速度不變的假設，把利率分為貨幣利率（金融市場的利率）和自然利率（借貸資本的需求與

儲蓄供給相一致時的利率），認為貨幣作為交易媒介，在兩種利率相一致時處於貨幣均衡狀態，此時貨幣是中性的，而貨幣作為資本累積與借貸媒介是非中性的，當貨幣利率低於資本自然利率時，資金價格偏低，刺激投資需求，推動物價上漲；反之，則資金價格上升，投資成本加大，導致投資萎縮，帶動物價不斷下降。

4.1.1.2 凱恩斯主義的 IS-LM 模型

凱恩斯在 1935 年出版的《就業、利息和貨幣通論》一書中，提出了著名的貨幣政策傳導理論，他指出貨幣通過利率影響投資，進而影響社會總供給和總需求（第二章已作介紹）。希克斯（J. R. Hicks）（1936）將其概括為 IS-LM 傳導模式，后經漢森（A. Hansen）和薩繆爾森（Paul A Samuelson）等學者的不斷完善，形成了著名的 IS-LM 模型利率分析理論，模型見圖 4-1。

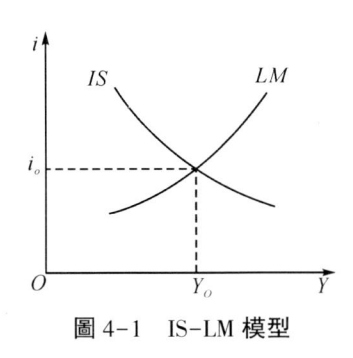

圖 4-1 IS-LM 模型

IS-LM 模型是描述貨幣市場與商品市場之間相互聯繫又相互影響的理論結構。根據 IS-LM 模型，利率的決定因素不僅取決於儲蓄供給和投資需求，還受到貨幣供給和貨幣需求等因素的影響，因此，儲蓄投資、貨幣供求關係的變動都將影響到利率水平。一方面貨幣市場上的供求情況決定利率，利率作為調節貨幣資金的槓桿，又影響商品市場上的總需求，尤其是投資需求；另一方面，商品市場規模決定國民收入，而國民收入情況又影響到貨幣市場上的貨幣需求，進而影響到利率。由此可見，貨幣市場和商品市場是相互作用相互聯繫的。IS-LM 模型理論的提出，標誌著利率決定理論完成了從局部均衡分析向一般均衡分析的飛躍，也因而很快為西方大部分經濟學家所接受，並逐漸成為當代西方經濟學中占據主導地位的利率傳

導理論。

4.1.1.3 貨幣主義學派利率傳導理論

20世紀六七十年代,以弗里德曼(Milton Friedman)為代表的經濟學家對凱恩斯主義貨幣政策傳導機制理論提出了挑戰,形成貨幣政策發展史上著名的貨幣主義學派。貨幣主義學派認為,貨幣供給量的變化直接影響支出,然后再由支出影響投資,最終作用於總收入,因此利率在貨幣政策傳導機制中不起重要作用。貨幣主義學派認為,貨幣需求函數與貨幣供給函數的相互作用及其均衡狀態,不僅受現實中存在極其穩定的貨幣需求函數和名義收入的影響,還取決於物價水平波動幅度,貨幣數量在變動之初首先受到影響的並不是收入,而是債券、股票、房產和其他實物資產的價格,貨幣在短期是非中性的,而在長期是中性的。在擴張性貨幣政策條件下,貨幣供應量的增加,名義利率下降,並直接導致企業和社會公眾現金量的增加,提高企業和個人的投資與消費預期,提高債券、耐用消費品等資產價格,進而刺激投資,利率上升,社會總收入增加。因此利率在貨幣供應量增加之初時會下降,在投資需求刺激提高時將上升,利率可能會誤導貨幣政策傳導的實效性。

4.1.2 利率傳導機制作用於市場主體的經濟行為分析

貨幣政策的利率傳導,必須通過市場主體的具體行為最終作用於社會的總需求和總產出,從而形成傳導的總鏈條。

4.1.2.1 利率傳導與居民儲蓄的關係

按照古典利率理論的觀點,馬歇爾(Alfred Marshall)的等待與資本收益說認為,利率是抑制現在的消費、等待未來的報酬,因此利率對於儲蓄的作用是單一的、正方向的和十分有力的,利率的提高可以刺激居民的個人儲蓄動機,從而抑制消費的增長;反之將抑制儲蓄,刺激消費。貨幣主義學派和凱恩斯主義學派關於利率的觀點又有所不同,利率對儲蓄的作用可能出現雙重影響,既有正向效應,也有反向作用。根據生命週期假說理論,當前的收入和儲蓄是為了平滑跨期的消費,因此利率影響居民儲蓄的變化和程度,關鍵在於利率的變化是否影響到了個人生命週期內的收入。按照財富效

應理論，利率變化通過影響個人的資產負債表從而改變個人的財富價值和財富收益，而財富價值與財富收益因利率變動呈相反方向變化。當利率上升時財富價值下降幅度大於財富收益上升幅度，儲蓄將增加；當利率上升時財富價值下降幅度小於財富收益上升幅度，儲蓄將下降；當財富價值下降幅度與財富收益上升幅度相當，儲蓄會不升也不降。

從理論上分析，利率的變動將引起資產價格的變動，進而影響居民的儲蓄和投資決策。在我國，由於資本市場尚在完善之中，居民投資渠道單一，社會保障體系仍不健全，導致居民對利率的敏感性較差，居民儲蓄率居高不下。隨著我國老齡化進程的深入，金融市場的規範，長期的低利率政策將會刺激居民的投資慾望，增強利率的敏感性，提高利率傳導的有效性。

4.1.2.2 利率傳導與居民消費的關係

根據莫迪利亞尼的個人消費函數和總量消費函數可以看出，居民的消費與社會總量消費不僅取決於給定的年度，更決定於當期的收入情況，居民的收入增長幅度與消費增長幅度高度關聯，呈正比例關係。居民的消費需求還與通貨膨脹有關聯，從理論上分析，名義利率＝實際利率＋通貨膨脹率，當名義利率不變，通脹率上升，將導致實際利率下降，而實際利率的降低將刺激消費需求。而在我國，在通貨膨脹預期增加的情況下，不僅不能夠刺激消費，反而還導致消費萎縮，這是我國不完善的社會保障制度、就業壓力的增長以及住房和教育等民生預期支出的加大造成的，越是通貨膨脹，居民的預防性儲蓄動機就越強烈，因此我國居民的消費對利率彈性的敏感度較差。

4.1.2.3 利率傳導與企業投資行為的關係

貨幣政策的資產負債表渠道表明，利率上升，將提高企業的外部融資風險溢價，在相同條件下將增加企業的銀行信貸成本，進而對企業的投資決策造成影響，降低企業的投資行為，因此利率的變動與企業的投資經營行為負相關。凱恩斯主義認為，企業對利率彈性的敏感度很高，盈虧平衡企業因為利率的上升將陷入虧損經營狀態，形成利率上升對企業的「擠出效應」。但 Ingersoll 和 Ross

(1992)以金融期權為視角發現利率波動對於投資影響具有不確定性；Calcagnini 和 Saltari（2000）發現利率波動對於企業投資的影響並不顯著。因此可以看出影響企業投資行為的因素很多，利率與企業投資行為之間還隔著無數條鴻溝。從我國來看，楊建武、丁庭棟（2012）、王紅光（1999）、陳建南（2004）等均認為利率變動與企業投資行為呈負相關關係。

4.2　貨幣政策的利率傳導機制及其嵌入人口年齡結構的相關文獻回顧

　　貨幣政策的利率傳導機制就是中央銀行通過釋放政策信號，產生利率變化，引起貨幣政策仲介目標的變動，並最終引起國民經濟主要經濟指標發生變化的途徑。凱恩斯主義認為，中央銀行實施擴張性貨幣政策，流通中的貨幣供應量增加（M↑），整個社會的流動性提高，貨幣市場和資本市場的利率下降（i↓），進而刺激投資需求，導致投資增加（I↑）和消費增加，這樣社會的總需求和總產出增加（Y↑）。在市場機制完善的國家，Bernanke 和 Blinder（1992）、Bernanke 和 Gertler（1995）、Estrella（1997）、Fung 等（1995）從不同角度證明了利率槓桿在貨幣政策傳導中的重要作用，利率是貨幣政策傳導的主渠道和主路徑。

　　在我國市場化機制建立和完善過程中，中央銀行仍然掌握著金融機構存款利率上限的管控權，利率市場化改革儘管已經邁出步伐但還有更難的路要走，因此我國利率在貨幣政策傳導機制中的作用與傳導效果與發達國家相比仍有一定差距，甚至王宏生（2013）認為我國貨幣政策利率傳導機制是失效的。王召（2001），潘耀明等（2008），龍瓊華、伍海華（2009），高山等（2011），何穎（2011）等，認為我國貨幣政策利率傳導渠道存在梗阻和時滯，傳導有效性較低，對宏觀經濟變量的解釋作用不強，對貨幣政策由直接調控轉向間接調控製造了障礙，因而沒有充分發揮其傳導功能。

　　劉德英（2012）分析了我國利率傳導機制作用發揮受阻的原因，

認為我國貨幣市場利率與貸款利率沒有形成高效的連接機制，無論是抑制經濟過熱還是調控通貨膨脹，都不能單純依賴貨幣政策。張輝、黃澤華（2011）認為貨幣市場利率對通貨膨脹率的短期調控能力較弱，其主要表現在於對通脹預期的引導，利率管制是利率傳導機制部分失效的重要原因。樂毅、刁節文（2013）認為在商業銀行存貸款利率尚未完全市場化的情況下，銀行間隔夜拆借利率是很好的貨幣政策指標。謝平、羅雄（2002）首次提出泰勒規則可以很好地衡量中國的貨幣政策。李松華（2013）認為泰勒規則在我國具有一定的適用性，利率可以作為我國的貨幣政策仲介目標進行傳導。劉積余（2004）認為要促使市場利率形成機制在金融資源配置中發揮主導作用。周綱、陳金賢（2009）認為利率傳導的基本前提是利率市場化，需要政府在金融改革中做出系列變革。

在人口年齡結構對貨幣政策利率傳導機制的影響方面，Miles（2002）和 Bean（2004）等認為，人口年齡結構的變化可能影響真實的利率水平，老齡化程度與真實利率負相關。Geanakoplos、Magill 和 Quinzii（2004）根據 OECD 國家 1960—2011 年 3 個月短期利率與中年-青年人口比率倒數走勢圖可以看出，人口結構與利率之間存在很強的協同關係，中年—青年人口比率倒數不僅與利率的趨勢基本相同，而且能很好地匹配利率走勢的拐點。臺灣工商時報在 2003 年 10 月 23 日工商社論指出，美國在嬰兒潮時代逐步轉變，進入老年潮之後，美國國內勞動供給將減少，儲蓄率、投資率、經濟增長率均將下降，貿易赤字與財政赤字則呈長期增長之勢，最終美元利率將自谷底回升，迫使全球利率上升。2013 年 12 月 1 日日本富國銀行的報告指出，2013 年 11 月日本 65 歲及以上國民人數占總人口百分比首次超過 25%，意味著日本四分之一的國民都是 65 歲及以上的老人，而且這樣的老齡化速度還在加快，人口嚴重老齡化導致日本國內利率明顯扭曲，老年人對日本國債收益率的影響力超過了日本央行當年史無前例的量化寬鬆。在國際貨幣基金組織 2013 年 1 月一份的報告中，分析師 Patrick Imam 通過研究反應每個國家老年撫養比變動引發的變化，側重於老齡化至少能在多大程度上解釋利率敏感度，發現人口趨勢確實與貨幣政策有效性的降低存在關係，如果貨幣政

策在逐漸老齡化的社會中成效較差，在其他條件不變的前提下，要讓經濟有所改變，利率調整的幅度就必須大於年輕社會的調幅。

4.3 我國利率傳導機制的體系與特徵

4.3.1 我國目前的利率體系

利率體系是指各類利率之間以及每類利率內部之間互相依存和互相制約的系統。利率體系按不同的標準可以劃分不同的類型，目前通行的劃分方式有兩種，一是按所依附的經濟關係劃分為存款利率和貸款利率，二是按借貸主體劃分為銀行利率、非銀行金融機構利率、有價證券利率和市場利率，其中銀行利率包括中央銀行利率和商業銀行利率。利率體系的簡繁程度，主要取決於國家經濟金融的發展狀況。我國的利率體系主要分為中央銀行利率、商業銀行利率和金融市場利率三類。

中央銀行利率，就是指商業銀行在中央銀行存貸款的利率，目前主要有存款準備金率、再貼現率、再貸款率和中央銀行發行的票據利率。中央銀行利率在整個利率體系中居於核心地位，是其他利率變動的基準。

商業銀行利率，就是商業銀行向社會公眾提供存貸款的利率，是我國利率體系的主體部分，主要包括存款利率和貸款利率兩大類別。商業銀行利率是利率市場化改革的重點和核心。

金融市場利率，就是金融市場上借貸雙方資金供求的價格。金融市場利率的分類主要依附金融市場的劃分而定，如貨幣市場利率、債券市場利率等。金融市場利率是金融市場資金借貸成本的真實反應，隨著我國利率市場化改革進程加快，金融市場利率已部分率先實現了市場化。

4.3.2 我國目前利率體系的特徵

4.3.2.1 市場利率與管制利率並存

新中國成立以來，我國利率一直處於高度管控之中，1986 年 1

月以專業銀行之間同業拆借市場成立為標誌開始了利率市場化進程，到目前為止已有部分利率實行了市場化定價，呈現出計劃經濟下的管制利率和市場經濟下的市場利率並存的態勢。

4.3.2.2 利率結構複雜

利率結構是指利率與期限之間的變化關係，我國利率的決定方式既有市場因素，又有計劃手段；既有時間差異，也有屬性類別；既有管制利率，也存在優惠利率；既有改革到位的，也有改革調整中的。因此我國利率結構層次多樣，體系複雜，期限繁多。

4.3.2.3 利率結構不合理

一方面商業銀行活期存款利率低於中央銀行的超額存款準備金率。根據中央銀行貨幣政策理論，存款準備金是中央銀行為維持經濟金融的穩定以及確保金融機構為保證客戶提取存款和資金清算需要，商業銀行繳存在中央銀行的存款，這個存款是不支付利息的。我國不僅規定了商業銀行需要繳存較高的法定存款準備金，中央銀行還要向商業銀行支付法定準備金和超額存款準備金利息，並且這個利率高於活期銀行存款利率，這就使商業銀行可以毫無風險地獲得利差收入，在國家宏觀經濟形勢不穩時，商業銀行可以向實體經濟「惜貸」而資金不受損失，降低商業銀行資金配置的效率。另一方面商業銀行存貸之間的利差過大。但在我國，由於利率管制，銀行利差較大，利差收入成為銀行盈利的主要來源，銀行業不需要憑自身超強的經營和創新能力就可以獲得豐厚的利潤。國際知名諮詢公司波士頓2011年發布的《銀行業價值創造報告》顯示，與世界成熟同行相比，中國銀行業的利潤來源仍然是傳統的存貸款業務和與之相伴的驚人存貸款利差，中國銀行業利差比國外高14倍。2011年12月初，民生銀行行長洪崎一句「銀行利潤太高，都不好意思公布」的話揭開了銀行暴利的面紗。

4.3.3 我國利率市場化改革的進程及阻礙因素

4.3.3.1 我國利率市場化改革的進程

我國利率市場化改革發軔於1986年同業拆借市場。1986年1月7日，國務院發布《中華人民共和國銀行管理暫行條例》，規定專業

銀行之間的資金可以相互拆借，相互拆借的利率，由借貸雙方協商議定。1993 年黨的十四屆三中全會《中共中央關於建立社會主義市場經濟體制若干問題的決定》，提出了「中央銀行按照資金供求狀況及時調整基準利率，並允許商業銀行存貸款利率在規定幅度內自由浮動」，拉開了利率市場化改革的序幕。

1996 年，中國人民銀行取消了同業拆借利率的上限管制，規定銀行間同業拆借利率可以隨市場供需狀況自由浮動，標誌著我國利率市場化改革正式啓動。1996—2004 年，中國人民銀行先後對貼現利率、再貼現利率、債券市場回購利率、現券交易利率等完全放開，基本實現了金融機構貸款利率上限放開、下限管理，存款利率下限放開、上限管理的轉變。2013 年 7 月 20 日，中國人民銀行全面放開金融機構貸款利率限制，同時還取消了票據貼現利率管制。2013 年 10 月 25 日，中國人民銀行貸款基礎利率集中報價和發布機制正式運行，對提高金融機構信貸產品定價效率和透明度，增強自主定價能力，減少非理性定價行為，維護信貸市場公平有序的定價秩序起到積極作用。截止到目前，我國銀行間拆借市場、協議存款產品、國債市場等已完全市場化，初步實現了由市場決定資金的供求價格，僅對金融機構的人民幣存款利率實行上限管理。

4.3.3.2 我國利率市場化的阻礙因素

我國在由計劃經濟向市場經濟轉變的過程中，社會各階層、各行業集聚了許多深層次矛盾，利率市場化的過程，映襯了經濟發展的轉變過程，在經濟金融行業領域積澱了許多發展的桎梏，在當前經濟與社會的轉型升級過程中，這些矛盾和問題更加凸顯，成為阻礙經濟發展的硬骨頭，也成為利率市場化改革的絆腳石。

（1）貨幣政策未實現市場化。利率市場化的基本前提就是資金的供給和需求配置市場化，由於我國中央銀行的獨立性較弱，對貨幣供應量的控制以國家經濟發展戰略規劃為指導，使市場對資金的需求難以反應真實的供求關係。儘管中央銀行放開了商業銀行貸款利率上限，但仍對商業銀行年度信貸資金總規模進行控制，商業銀行基於風險防範的考慮，必然將資金貸給風險較小的國有企業或者具有壟斷性質的行業，大量中小企業貸款難，市場上資金得不到合

理有序的流動，改變了資金的供求平衡。

（2）金融機構的市場化改革未完成。金融機構作為資金供應的主體，尚未建立科學規範的內部治理結構，對風險的預防、防範、評價和處理的綜合評價考核體系尚待完善。政策性金融機構的非政策性業務與商業性金融機構的帶政策指令性業務交錯，影響了資金的供求關係。同時由於我國商業銀行盈利模式單一，主要依靠存貸利差獲取豐厚利潤，中間業務等金融創新不足，利率市場化將改變商業銀行的盈利格局，甚至引起金融動盪。

（3）企業現代管理制度尚未完全建立。追求利潤的最大化是企業天然的本性，部分企業為了追求眼前利益，忽視長期戰略與整體規劃，內部治理結構不完善，決策盲目，激勵約束機制畸形。一些國有企業依託資源優勢和政策照顧，在資金的優化配置方面處於絕對優勢，各類企業間競爭環境不公平。此外，由於國有企業資金成本低，可以有充足的資金拓展非主營業務，致使經營專注度低，效率低下，經營業務繁雜，加大了經營風險。

（4）我國居民對金融風險的識別能力不足。儘管滬深股市曾經給社會公眾上了不止一次的風險投資課，甚至出現個別不理智股民跳樓和遊行事件，但總體上我國居民還不能根據收益與風險等綜合因素自主選擇金融產品，還不能進行科學理性的投資決策，將市場的殘酷性寄託於政府的調節和干預。

4.4 人口老齡化對貨幣政策利率傳導機制影響的理論模型與實證研究

4.4.1 變量選擇

貨幣政策利率傳導機制是通過貨幣政策影響貨幣供應量，貨幣供應量的變化引起利率的變化，進而影響投資與消費，並最終作用於生產環節，使產出水平發生變化，影響經濟的增長。因此，在分析人口老齡化對貨幣政策利率傳導機制的影響時，需要研究的變量不僅包括人口老齡化指標，還有貨幣供應量、利率、消費、經濟

增長。

（1）人口老齡化指標。根據第二章老齡化的衡量指標情況，為避免人口老齡化預測數據與實際情況的偏差，選取 2002—2012 年度老齡人口撫養系數即老年撫養比（ODR）作為參數。

（2）貨幣供應量指標。西方國家的中央銀行，從 20 世紀 70 年代開始，就把貨幣政策的仲介目標，從信貸增長額和自由準備金的控制轉為貨幣供應量指標的控制。我國自 1995 年起正式把貨幣供應量指標作為貨幣政策的仲介目標，其可供選取的指標有 M0、M1 和 M2，我國中央銀行在實施貨幣政策時主要以廣義貨幣供應量 M2 作為監測對象，因此在研究中選擇 M2 代表貨幣供應量的變化。

（3）利率指標。我國利率結構複雜，層次類別多樣，反應利率的指標主要有商業銀行的存貸款利率、銀行間同業拆借利率、商業銀行貼現率、債券回購利率等，但商業銀行的存貸款利率還沒有完全市場化，不能真實反應資金的供求狀況，而銀行間同業拆借利率是我國最早實現完全市場化的利率，因此選擇銀行間同業拆借利率（SHIBOR）作為市場利率的度量指標。

（4）消費指標。代表消費的變量，選取社會消費品零售總額（LNSR）指標。

（5）經濟增長指標。經濟增長是我國貨幣政策的最重要的終極目標，也是衡量產出的主要標誌，因此以 GDP 指標作為經濟增長的宏觀經濟變量。

從數據來源來看，貨幣供應量（M2）、銀行間同業拆借利率（SHIBOR）的數據來源於中國人民銀行網站，老年撫養比（ODR）、社會消費品零售總額（LNSR）、GDP 的數據來源於國家統計局網站。ODR 為年度數據、GDP 為季度數據，其余數據均為 2002 年 1 月至 2012 年 12 月的月度數據。

4.4.2 數據處理與檢驗

在本節的計量檢驗中，重點分析銀行間同業拆借利率（SHIBOR）、貨幣供應量（LNM2）、老年撫養比（ODR）、社會消費品零售總額（LNSR）和經濟增長（GDP）之間的關係。這裡由於分

析的需要，將 M2、SR 進行取對數處理。在模型構建之前，首先要檢驗各個變量的平穩性，檢驗結果如表4-1、表4-2、表4-3、表4-4、表4-5 所示。從檢驗結果可以看出，各個變量都呈現出水平不平穩，但是變量的一階差分是平穩的，說明變量之間存在協整關係，因此可以建立 VAR 模型並進行協整分析。

表 4-1　　　　　　SR 的平穩性檢驗結果

Null Hypothesis：D（LNSR）has a unit root			
Exogenous：Constant			
Lag Length：12（Automatic based on SIC, MAXLAG = 12）			
		t-Statistic	Prob. *
Augmented Dickey-Fuller test statistic		−3.035,84	0.034,7
Test critical values：	1% level	−3.490,77	
	5% level	−2.887,91	
	10% level	−2.580,91	

表 4-2　　　　　　SHIBOR 的平穩性檢驗結果

Null Hypothesis：D（SHIBOR）has a unit root			
Exogenous：None			
Lag Length：1（Automatic based on SIC, MAXLAG = 12）			
		t-Statistic	Prob. *
Augmented Dickey-Fuller test statistic		−10.727,1	0
Test critical values：	1% level	−2.584,21	
	5% level	−1.943,49	
	10% level	−1.614,97	

表 4-3　　　　　　ODR 的平穩性檢驗結果

Null Hypothesis：D（ODR）has a unit root			
Exogenous：Constant, Linear Trend			
Lag Length：0（Automatic based on SIC, MAXLAG=12）			
		t-Statistic	Prob. *
Augmented Dickey-Fuller test statistic		-6.193,04	0
Test critical values：	1% level	-4.035	
	5% level	-3.447,07	
	10% level	-3.148,58	

表 4-4　　　　　　M2 的平穩性檢驗結果

Null Hypothesis：D（LNM2）has a unit root			
Exogenous：Constant, Linear Trend			
Lag Length：0（Automatic based on SIC, MAXLAG=12）			
		t-Statistic	Prob. *
Augmented Dickey-Fuller test statistic		-11.740,4	0
Test critical values：	1% level	-4.035	
	5% level	-3.447,07	
	10% level	-3.148,58	

表 4-5　　　　　　GDP 的平穩性檢驗結果

Null Hypothesis：D（GDP）has a unit root			
Exogenous：Constant			
Lag Length：0（Automatic based on SIC, MAXLAG=12）			
		t-Statistic	Prob. *
Augmented Dickey-Fuller test statistic		-5.691,6	0
Test critical values：	1% level	-3.484,65	
	5% level	-2.885,25	
	10% level	-2.579,49	

4.4.3 VAR 模型的建立和最優滯後期的選取

建立動態的 VAR 模型進一步檢驗，並採用極大似然法進行估計。基本模型表述如下：

$$SHIBOR_t = \alpha_0 + \sum_{i=1}^{n}\alpha_{1i}LNM2_{t-i} + \sum_{i=1}^{n}\alpha_{2i}ODR_{t-i} + \sum_{i=1}^{n}\alpha_{3i}GPD_{t-i} + \sum_{i=1}^{n}\alpha_{4i}LNSR_{t-i} + \xi_{1t}$$

$$LNM2_t = \beta_0 + \sum_{i=1}^{n}\beta_{1i}SHIBOR_{t-i} + \sum_{i=1}^{n}\beta_{2i}ODR_{t-i} + \sum_{i=1}^{n}\beta_{3i}GPD_{t-i} + \sum_{i=1}^{n}\beta_{4i}LNSR_{t-i} + \xi_{2t}$$

$$ODR_t = \theta_0 + \sum_{i=1}^{n}\theta_{1i}LNM2_{t-i} + \sum_{i=1}^{n}\theta_{2i}SHIBOR_{t-i} + \sum_{i=1}^{n}\theta_{3i}GPD_{t-i} + \sum_{i=1}^{n}\theta_{4i}LNSR_{t-i} + \xi_{3t}$$

$$GPD_t = \rho_0 + \sum_{i=1}^{n}\rho_{1i}LNM2_{t-i} + \sum_{i=1}^{n}\rho_{2i}ODR_{t-i} + \sum_{i=1}^{n}\rho_{3i}SHIBOR_{t-i} + \sum_{i=1}^{n}\rho_{4i}LNSR_{t-i} + \xi_{4t}$$

$$LNSR_t = \lambda_0 + \sum_{i=1}^{n}\lambda_{1i}LNM2_{t-i} + \sum_{i=1}^{n}\lambda_{2i}ODR_{t-i} + \sum_{i=1}^{n}\lambda_{3i}GPD_{t-i} + \sum_{i=1}^{n}\lambda_{4i}SHIBOR_{t-i} + \xi_{5t}$$

式中 i 為變量的滯後期數，可由 LR、FPE、AIC、SC、HQ 等信息準則進行判定（見表 4-6）。根據判定結果，本文選取的最優滯後期數為 i=5，此時的 LM 檢驗顯示殘差不存在自相關，White 檢驗表明不存在異方差，J-B 檢驗表明滿足正態分佈要求。

表 4-6　　　　　　　　最優滯後期的選取

Lag	LogL	LR	FPE	AIC	SC	HQ
0	-225.765	NA	3.33E-05	3.878,41	3.995,18	3.925,827
1	762.717	1,877.286	3.09E-12	-12.314,6	-11.613,95 *	-12.030,1
2	820.209,1	104.355,5	1.79E-12	-12.860,7	-11.576,2	-12.339,08 *
3	850.500,2	52.436,61	1.65E-12	-12.949,6	-11.081,3	-12.190,9

表4-6(續)

Lag	LogL	LR	FPE	AIC	SC	HQ
4	872.533,4	36.289,93	1.75E-12	-12.899,7	-10.447,6	-11.904
5	902.517,5	46.865,99*	1.64e-12*	-12.983,49*	-9.947,47	-11.750,7

VAR 模型的檢驗結果如表4-7 所示。從變量滯后項的顯著性來看被解釋變量 SHIBOR，受其自身的滯后1期、2期、5期的影響較為明顯；受 LNM2 的滯后3期影響較為明顯；受 ODR、GDP、SR 滯后項的影響不明顯；而就被解釋變量 LNM2 而言，受 SHIBOR 滯后1期、4期影響較為明顯；受其自身滯后1期、滯后3期、滯后4期影響較為明顯；受 ODR 的滯后項影響並不明顯；受 GDP 滯后3、4、5期的影響較為明顯；受 SR 的滯后1、3、4、5期影響比較明顯。由此可見：

(1) ODR 對 LNM2 和 SHIBOR 的動態影響在滯后1期有一些影響，此后呈下降趨勢，說明人口老齡化對貨幣供應量和銀行間同業拆借利率在當前有一些影響，但長期不顯著；ODR 對 SR 在滯后1~3期影響微弱，對滯后4期有一些影響；ODR 對 GDP 在滯后4期和5期有顯著影響，說明人口老齡化的變化對社會消費品零售總額的影響具有較長的間隔性，從而在較長時期對社會總產出造成影響。

(2) LNM2 對 SHIBOR 有影響，說明貨幣供應量的增減將引起銀行間同業拆借利率的變化。同時，貨幣供應量的變化能引起社會消費品零售總額的變化，進而影響到經濟增長。

(3) SHIBOR 對 SR、GDP 影響不明顯，說明利率的變化對社會消費品零售總額影響小，進而對經濟增長的影響小，我國利率傳導機制受阻。

表4-7　　VAR 模型的計量檢驗結果

	SHIBOR	LNM2	ODR	GDP	LNSR
SHIBOR (-1)	0.540,823	-0.006,57	-0.000,58	-0.034,83	-0.002,32
	[5.204,91]	[-3.834,97]	[-0.189,33]	[-0.566,11]	[-0.246,74]
SHIBOR (-2)	-0.213,95	-0.001,75	-0.005,09	0.040,278	-0.033,16
	[-1.757,54]	[-0.869,96]	[-1.431,34]	[0.558,87]	[-3.017,13]

表4-7(續)

	SHIBOR	LNM2	ODR	GDP	LNSR
SHIBOR（-3）	0.057,603	0.000,591	-0.000,37	-0.027,21	0.020,102
	[0.460,54]	[0.286,32]	[-0.102,36]	[-0.367,48]	[1.780,25]
SHIBOR（-4）	-0.017,28	0.003,256	0.000,168	0.000,89	-0.004,24
	[-0.138,63]	[1.584,26]	[0.046,09]	[0.012,06]	[-0.376,35]
SHIBOR（-5）	0.294,072	-0.000,27	-0.000,13	-0.078,51	0.014,406
	[2.725,93]	[-0.152,35]	[-0.039,87]	[-1.229,18]	[1.479,19]
LNM2（-1）	-6.367,78	0.687,494	-0.328,57	0.104,494	-1.576,82
	[-0.970,19]	[6.352,01]	[-1.713,38]	[0.026,89]	[-2.661,12]
LNM2（-2）	-0.817,48	0.188,918	-0.057,55	4.162,974	-0.425,12
	[-0.105,42]	[1.477,35]	[-0.254,02]	[0.906,77]	[-0.607,25]
LNM2（-3）	12.676,07	0.252,303	0.324,845	-4.663,7	1.996,028
	[1.690,16]	[2.040,05]	[1.482,46]	[-1.050,34]	[2.947,99]
LNM2（-4）	-2.762,51	-0.272,07	-0.022,83	-0.888,81	1.317,62
	[-0.360,94]	[-2.155,64]	[-0.102,10]	[-0.196,15]	[1.906,93]
LNM2（-5）	-1.989,53	0.067,8	0.047,415	1.343,558	-0.731,75
	[-0.311,72]	[0.644,20]	[0.254,27]	[0.355,57]	[-1.269,98]
ODR（-1）	-1.141,41	0.080,312	1.503,997	0.915,285	0.186,76
	[-0.320,14]	[1.365,99]	[14.437,9]	[0.433,62]	[0.580,22]
ODR（-2）	7.483,716	-0.098,99	-0.615,44	1.406,811	-0.212,87
	[1.163,58]	[-0.933,39]	[-3.275,13]	[0.369,46]	[-0.366,62]
ODR（-3）	-7.611,33	0.024,262	0.257,721	0.418,281	-0.174
	[-1.116,87]	[0.215,89]	[1.294,36]	[0.103,67]	[-0.282,82]
ODR（-4）	2.837,766	-0.003,8	-0.182,93	-8.236,32	0.680,127
	[0.433,69]	[-0.035,18]	[-0.956,85]	[-2.126,14]	[1.151,35]
ODR（-5）	-0.072,05	0.014,496	0.051,782	5.556,205	-0.492,84
	[-0.019,80]	[0.241,58]	[0.487,06]	[2.579,11]	[-1.500,22]
GDP（-1）	0.223,155	0.001,37	-0.005,52	1.556,376	-0.007,79
	[1.307,54]	[0.486,72]	[-1.107,47]	[15.403,4]	[-0.505,86]

4 人口老齡化對貨幣政策利率傳導機制的影響

表4-7(續)

	SHIBOR	LNM2	ODR	GDP	LNSR
GDP（-2）	-0.125,27	-0.006,17	0.007,171	-0.624,88	-0.003,18
	[-0.401,84]	[-1.200,29]	[0.787,37]	[-3.385,86]	[-0.112,93]
GDP（-3）	0.043,769	0.009,419	-0.006,95	-0.076,88	0.025,167
	[0.132,26]	[1.725,93]	[-0.718,89]	[-0.392,37]	[0.842,36]
GDP（-4）	-0.153,75	-0.008,77	0.001,296	0.254,374	-0.039,18
	[-0.493,19]	[-1.705,39]	[0.142,32]	[1.378,24]	[-1.392,04]
GDP（-5）	0.186,083	0.004,705	0.004,659	-0.127,12	0.028,425
	[1.052,68]	[1.614,24]	[0.902,15]	[-1.214,69]	[1.781,18]
LNSR（-1）	1.122,885	0.051,673	0.000,898	0.329,282	0.741,18
	[1.027,46]	[2.867,25]	[0.028,14]	[0.508,92]	[7.512,22]
LNSR（-2）	-1.902,86	-0.032,95	0.059,06	-0.868,64	-0.015,81
	[-1.414,58]	[-1.485,45]	[1.502,71]	[-1.090,73]	[-0.130,17]
LNSR（-3）	-1.201,41	0.069,296	-0.052,34	0.617,321	0.013,948
	[-0.908,36]	[3.177,24]	[-1.354,56]	[0.788,37]	[0.116,82]
LNSR（-4）	1.313,331	-0.064,94	0.034,334	-0.181,52	-0.138,01
	[0.977,44]	[-2.930,93]	[0.874,57]	[-0.228,18]	[-1.137,72]
LNSR（-5）	-1.634,96	0.035,618	-0.010,31	-0.059,13	-0.170,93
	[-1.561,42]	[2.062,81]	[-0.337,02]	[-0.095,38]	[-1.808,24]
C	-6.938,13	0.286,188	0.046,997	0.395,774	-2.205
	[-1.237,11]	[3.094,50]	[0.286,81]	[0.119,20]	[-4.355,01]

註：中括號中為對應T值，下同。

4.4.4 Johansen（約翰遜）協整分析

　　Johansen和Juselius提出基於向量自迴歸（VAR）系統下用極大似然估計來檢驗變量協整關係的方法，即Johansen協整檢驗或JJ檢驗，該方法不僅可以避免其他方法可能出現的偏差，而且具有非常好的小樣本特性，是一種進行多變量協整檢驗的常用方法。本節在構建各個變量VAR模型的基礎上，選取協整檢驗為滯后4期，進一步展開協整分析。在上述設定基礎上，進一步根據特徵根跡檢驗

(Trace)（見表4-8）和最大特徵值檢驗（Maximum Eigenvalue）（見表4-9）的結果在5%的顯著性水平下，各個變量之間存在一組協整關係。

通過Johansen協整分析可以看出，SHIBOR與LNM2之間是顯著的長期正向協整關係，SHIBOR與ODR、GDP的關係並不明顯（t檢驗不顯著），SHIBOR與LNSR呈現顯著的負向協整關係。

表4-8　　　　　　　　　跡檢驗

Unrestricted Cointegration Rank Test（Trace）				
Hypothesized No. of CE（s）	Eigenvalue	Trace Statistic	0.05 Critical Value	Prob.
None *	0.356,71	112.974,9	88.803,8	0.000,3
At most 1	0.208,813	60.476,89	63.876,1	0.093,5
At most 2	0.135,018	32.604,57	42.915,25	0.356,5
At most 3	0.076,134	15.344,03	25.872,11	0.546
At most 4	0.048,536	5.920,626	12.517,98	0.470,4

表4-9　　　　　　　最大特徵值檢驗

Unrestricted Cointegration Rank Test（Maximum Eigenvalue）				
Hypothesized No. of CE（s）	Eigenvalue	Max-Eigen Statistic	0.05 Critical Value	Prob.
None *	0.356,71	52.498,01	38.331,01	0.000,7
At most 1	0.208,813	27.	32.118,32	0.151,3
At most 2	0.135,018	17.260,55	25.828,723,132,1	0.436
At most 3	0.076,134	9.423,4	19.387,04	0.680,3
At most 4	0.048,536	5.920,626	12.517,98	0.470,4

$$SHIBOR = 137.984LNM2 + 3.527ODR + 1.604GPD - 221.084LNSR$$
t值　　　（1.917）　　　（0.381）　　（1.610）　　（-7.129）

4.4.5 Granger（格蘭杰）因果關係檢驗

在分析了變量的長期關係之后，本節進一步分析變量之間的 Granger 因果關係。該檢驗實質上是檢驗一個變量的滯后變量是否可以引入到其他變量方程中，從而使解釋程度提高。如果一個變量受到其他變量的滯后影響，那麼則稱它們具有 Granger 因果關係。由於格蘭杰因果檢驗對於滯后期的選取比較敏感，且目前尚無選取滯后期的有效標準，為比較清晰地反應相關變量之間格蘭杰因果關係狀況，本文分別檢驗這些變量滯后 1~12 期的格蘭杰因果關係，從中選取與本研究有密切關係的檢驗結果並予以分析。

Granger 因果關係檢驗的結果如表 4-10 所示。由表 4-10 可見，SHIBOR 在滯后 1~12 期都成為 LNM2 變動原因；除此之外，各個變量之間的因果關係並不顯著。

表 4-10　　　　　　　　格蘭杰因果關係檢驗

	LNM2 不是 SHIBOR 原因	SHIBOR 不是 LNM2 原因	ODR 不是 SHIBOR 原因	SHIBOR 不是 ODR 原因	GDP 不是 SHIBOR 原因	SHIBOR 不是 GDP 原因	LNSR 不是 SHIBOR 原因	SHIBOR 不是 LNSR 原因
1	0.101	0.007	0.064	0.824	0.187	0.003	0.127	0.908
2	0.180	0.002	0.161	0.791	0.423	0.119	0.106	0.909
3	0.244	0.002	0.367	0.808	0.536	0.093	0.188	0.350
4	0.318	0.000	0.367	0.934	0.627	0.108	0.157	0.079
5	0.270	0.001	0.505	0.976	0.537	0.102	0.135	0.100
6	0.469	0.001	0.509	0.995	0.769	0.147	0.068	0.152
7	0.569	0.002	0.630	0.976	0.865	0.255	0.096	0.340
8	0.353	0.001	0.632	0.989	0.927	0.148	0.124	0.372
9	0.419	0.001	0.507	0.965	0.959	0.230	0.168	0.420
10	0.512	0.004	0.387	0.943	0.433	0.294	0.205	0.477
11	0.595	0.005	0.499	0.969	0.226	0.373	0.185	0.506
12	0.594	0.007	0.548	0.969	0.333	0.461	0.217	0.670

4.4.6 小結

通過 2002—2012 年宏觀經濟數據對我國人口老齡化對貨幣政策利率傳導機制進行實證分析，結果表明：

（1）人口老齡化對貨幣政策利率傳導機制有一定的影響，但效果不顯著，不過隨著人口老齡化程度的加深，將在較長間隔時期對社會總產出造成顯著影響。

（2）中央銀行通過制定擴張或者緊縮性貨幣政策，將引起市場利率的變化，但市場利率的變化不能引起消費的變化，因而對經濟發展的影響不明顯。

（3）貨幣供應量的變化直接引起社會消費品零售總額的變化，進而對經濟增長造成影響。

通過以上實證分析結果可以看出，我國人口老齡化對宏觀經濟政策的影響很小，同時我國利率傳導機制有一定實效，但不太明顯，主要原因分析如下：

4.4.6.1 我國存貸款利率未完全市場化

不管是凱恩斯主義利率理論還是貨幣主義學派利率傳導理論，都是建立在利率市場化基礎上的，因此在成熟的市場經濟體中利率傳導機制是貨幣政策傳導的主渠道。1996—2013 年，我國實行的是金融機構貸款利率上限放開、下限管理，存款利率下限放開、上限管理的管理模式，利率不能成為資源配置的決定性因素，不能完全反應市場資金的供求關係。在利率市場化改革進程中，我國率先放開貨幣市場利率，造成了金融機構存貸利率與貨幣市場的市場利率之間的割裂，中央銀行通過貨幣供應量的變化對銀行存貸款利率無效，中央銀行貨幣政策工具中公開市場操作手段不能與貨幣供應量形成有效聯動，因此利率的雙軌制運行與非完全市場化，降低了貨幣政策的實施效果。

4.4.6.2 我國利率傳導機制的微觀基礎薄弱

利率傳導機制的實效性，不僅取決於中央銀行調節利率的方法和對利率的管制，更重要的是企業和居民等微觀經濟主體對利率的敏感性。如果企業和居民能夠通過利率的變化，及時調整具體的投

資與消費行為，那麼利率機制能迅速傳導到實體經濟，提高傳導效果並有效降低傳導時滯。在我國，由於直接融資渠道狹窄，企業主要依靠銀行貸款籌措發展資金，銀行貸款的利率是受到管制的，因而企業不能通過信貸政策的外部風險溢價來調整投資決策，中央銀行的利率政策很難對企業的經營活動造成影響。從居民角度看，由於人口老齡化的影響，社會保障制度的缺陷，投資渠道單一，資本市場風險偏大，我國居民不願消費與投資，儲蓄率居高不下，中央銀行的利率變動不能影響居民的資產負債表，調節不了居民的收支，因而居民對利率彈性反應不大。從金融機構來看，我國金融機構的主要利潤來源是存貸差，由於存貸款的利率管制並且同方向變動，金融機構的利潤不因利率的變動而受到影響，從而影響利率傳導的效果。

4.4.6.3 我國利率政策的制定還沒有考慮人口老齡化因素

我國改革開放以來，經濟一直保持高速增長，2010 年就已成為世界第二大經濟體，2012 年人均 GDP 超過 6,000 美元跨入中等收入國家行列，但我國經濟屬於粗放式增長，產業結構轉型緩慢，總體上仍處於「做大」而不是「做強」階段。在經濟發展整體上升階段，人口老齡化對經濟發展的影響不易顯性體現，因此在財政政策和貨幣政策等制定和實施中，人口老齡化因素基本被忽略不計。

5　人口老齡化對貨幣政策信貸傳導機制的影響

5.1　貨幣政策信貸傳導機制的理論基礎和發展脈絡

　　貨幣政策的信貸傳導機制就是指中央銀行運用貨幣政策工具，直接或間接調控金融機構的超額準備金和金融市場的融資條件，進而調控全社會的貨幣供應量，促使企業和社會公眾不斷調整自己的經濟行為，促進經濟增長的過程。

　　自 20 世紀初傳統貨幣數量論產生以來，西方經濟學家在貨幣政策傳導機制的研究中，形成了市場經濟體制下貨幣政策傳導的貨幣渠道，貨幣渠道成了貨幣政策傳導的主渠道。1951 年美聯儲 Robert Rosa 博士發表了論文《利率與中央銀行》，提出了可供信用理論，認為在研究貨幣傳導渠道過程中，不能僅僅關注利率對儲蓄和借款人的影響，由於貸款人對利率彈性更為敏感，因此還要研究利率變動對貸款人的影響，當中央銀行調節利率時，貸款人對其資產進行相應調節，以保持資產的安全性和收益性，在流動性充足的條件下，根據借款人的貸款要素進行信貸配給。這樣，貨幣政策在傳導中模糊了利率因素，利率不能充分反應借貸資金的價格。1959 年英國貨幣體系運行委員會發布了世界貨幣史上著名的《拉德克利夫報告》，報告肯定了利率變動對貸款人的流動性效應，中央銀行可以避免在利率大幅波動的背景下，通過買賣政府債券、調節利率結構等措施來影響可供信用。

20世紀70年代末80年代初以來，信息經濟學的迅速發展為信貸渠道理論提供了新的理論支撐。傳統的利率傳導機制，不能從程度、時間和結構上解釋貨幣政策變動對經濟產生的影響，因此許多經濟學家運用信貸市場的信息不對稱和其他原因來解釋這種影響。Gertler和Gilchrist（1993）經過研究發現，企業的外部融資成本與內部融資成本之間基於信息不對稱形成了差距，這個差距就是外部融資風險溢價。企業的外部融資風險溢價主要包括貸款人對借款人的借款條件進行評估、信息收集和信貸監管而形成的成本，還包括借貸雙方在借貸過程中發生的道德風險以及因道德風險的存在而增加的對貸款協議的約束性條款，從而對借款人形成額外制約所增加的成本和負擔。

　　Bernanke和Gertler（1995）認為，在信貸傳導機制下，貨幣政策影響外部融資風險溢價的大小，而企業外部融資風險溢價的大小不僅可以用以解釋貨幣政策變動對經濟產生影響的程度和範圍、時間和結構，還可以反應信貸市場的需求狀況以及信貸市場的缺陷程度。信貸市場的缺陷，不僅體現出借貸雙方的博弈過程，更是借款人承擔的融資成本與貸款人的預期收益之間差距的主要原因。根據信貸渠道理論，貨幣政策傳導機制的變動與企業外部融資風險溢價正相關，正是存在這種同方向變動關係，使貨幣政策對企業的融資成本以及投資支出的衝擊得到進一步提升，這就是貨幣政策通過信貸途徑傳導到實體經濟的理論基礎和邏輯演繹。

5.2　信貸渠道傳導貨幣政策的途徑分析

　　凱恩斯將可以貯藏財富的資產分為貨幣和債券，假定貨幣資產收益率為零，其他非貨幣資產都統歸為債券，而在現實經濟中，銀行資產負債表的資產方在貨幣政策的作用下將對社會總需求和總產出產生重要影響，因此，信貸渠道理論將資產分為貨幣、債券和銀行貸款三類。根據Bernanke和Gertler（1995）的研究，貨幣政策信貸傳導渠道主要有銀行貸款渠道和資產負債表渠道。

5.2.1 銀行貸款渠道

銀行貸款渠道就是中央銀行通過實施貨幣政策工具影響商業銀行的信貸規模和貸款結構，進而影響企業和個人的投資行為，最終影響社會總需求與總供給的路徑和過程。Kashyap、Stein 和 Wilcox（1993）通過實證研究證明了貨幣政策通過銀行信貸渠道傳導的有效性，並進一步提出了銀行信貸渠道發揮作用的兩個基本前提，一是銀行資產負債表的資產方，銀行貸款與證券資產不能完全相互替代，也不能進行相互轉移，否則商業銀行在緊縮性貨幣政策條件下，可以通過出售所持有的證券資產來增加流動性，從而緩解銀行因流動性不足而對資金頭寸的限制，起不到緊縮性貨幣政策對銀行信貸規模進行調控的作用。二是企業資產負債表的負債方，企業的銀行貸款資金與其他非銀行資金來源之間不能完全相互替代，也不能進行相互轉移，否則企業在緊縮性貨幣政策條件下可以從銀行系統以外獲得資金支持，銀行貸款規模的下降不能引起企業改變經營活動和經營條件，貨幣緊縮政策對企業失去效力。Bernanke 和 Blinder（1992）研究發現，在信息不對稱條件下，銀行貸款具有特殊地位，在具備銀行貸款渠道兩個前提條件下，銀行具有的信息優勢使他們可以向借款人提供資金需求，而借款人在良好收益預期下也能夠接受外部融資風險溢價，成為「銀行依賴者」。可以看出，貨幣政策傳導到實體經濟的路徑除了利率渠道外，還可以通過銀行貸款的增減變化對企業和個人的經濟活動產生影響。中央銀行如何通過銀行貸款渠道對經濟運行產生影響，Bernanke 和 Blinder（1988）將貸款供求函數引入經典的 IS-LM 曲線，用商品—信貸市場的 CC 曲線取代 IS 曲線，構建了含有利率渠道和信貸渠道的 CC-LM 模型（見圖 5-1）。

圖 5-1 中，CC 表示商品和信貸市場曲線，LM 表示貨幣市場均衡曲線，貨幣政策的變動將引起 CC 曲線和 LM 曲線的同方向變動。在緊縮性貨幣政策條件下，貨幣供應量減少，LM 曲線左移（LM→LM$_1$），導致利率升高（i$_0$→i$_1$），產出下降（Y$_0$→Y$_1$）；另一方面，貨幣供應量減少，CC 曲線相應左移（CC→CC$_1$），產出降低（Y$_1$→

Y_2)。這樣，緊縮性貨幣政策條件下貨幣政策的銀行貸款傳導渠道表示為：貨幣供應量 M↓→銀行貸款 D↓→投資 I↓→總產出 Y↓→GDP↓。

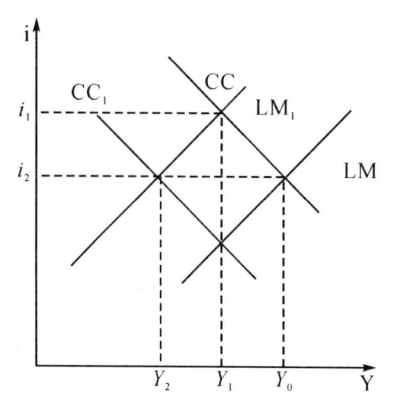

圖 5-1 緊縮性貨幣政策 CC-LM 模型

5.2.2 資產負債表渠道

資產負債表渠道就是中央銀行通過貨幣政策的實施影響借款人自身的財務狀況，從而影響銀行對借款人的貸款規模和貸款結構變動，並影響到借款人的生產經營活動的過程。Bernanke 和 Gertler（1995）在研究中發現，借款人的財務狀況決定其外部融資風險溢價，這也是資產負債表渠道發揮作用的理論假設前提。如果借款人的財務狀況良好，其資產淨值越大，那麼他的外部融資風險溢價就越低。銀行信貸要遵循安全性、流動性和盈利性三原則，在盈利性相同的條件下，銀行將優先考慮企業的償債能力，借款人資產淨值越大，就表明償債能力越強，其外部融資風險溢價就越低，因此企業資產淨值的變動將通過銀行信貸影響其投資活動，產生「金融加速器」效應。Bernanke 和 Gertler 認為，資產負債表渠道發生作用就是因為貨幣政策能夠直接或間接影響借款人的財務狀況，在緊縮性貨幣政策條件下，貨幣供應量減少，利率上升，銀行信貸成本增加，借款人的外部融資風險溢價升高，借款人未到期的短期債務或浮動利率債務的利息將增加，借款人要減少淨現金流量，影響借款人的經營活動，促使財務狀況惡化；同時，由於利率上升，導致資本市

場上資產價格下降，借款人的抵押資產價值下降，將進一步影響借款人的籌資能力，從而影響借款人的投資活動。因此，企業資產負債表的變化，將會影響企業的外部融資能力，進而影響企業的生產經營活動。這樣，緊縮性貨幣政策條件下貨幣政策的資產負債表傳導渠道表示為：貨幣供應量 M↓→利率 i↑→借款人資產淨值↓→借款人外部融資風險溢價↑→銀行貸款 D↓→投資 I↓→總產出 Y↓→GDP↓。

5.3 人口老齡化對我國貨幣政策信貸傳導渠道的影響機制

在成熟發達的市場經濟體下，由於金融市場的高度發達，信貸傳導渠道在貨幣政策傳導機制中處於輔助地位，貨幣政策主要不是通過信貸渠道傳導至實體經濟。由於信貸渠道作用發揮的假設前提條件限制，以及金融創新和衍生金融工具的飛速發展，信貸傳導渠道在理論研究方面還存在爭議，加之 2008 年世界金融危機後各國實施的宏觀審慎監管模式，信貸渠道的作用空間已經越來越狹窄。與我國不同的是，由於歷史因素和市場經濟發展的原因，以及利率、匯率和資產價格的市場化形成機制制約，信貸渠道成為我國貨幣政策傳導機制的核心和主體，在我國經濟發展中扮演著非常重要的角色。當前，在我國人口老齡化背景下，貨幣政策信貸傳導渠道的影響因素是否會因此而有所不同，人口老齡化對信貸傳導渠道的作用機理能否帶來變化和影響，成為我們需要研究的問題。

5.3.1 信貸渠道傳導理論在我國的實踐

在我國，貨幣政策傳導機制是 1984 年中國人民銀行履行中央銀行職能后才開始逐步建立並發展和完善的，在資本市場尚未建立，利率匯率高度管制毫無彈性的背景下，中央銀行主要是通過信貸渠道實施貨幣政策的傳導。1994—1997 年，隨著我國中央銀行宏觀調控能力的增強，金融市場的建立和發展，工農中建四大銀行實施專

业化改革，其他商业银行的批准设立，中央银行的金融调控开始由直接目标向间接目标过渡，并逐步弱化对商业银行的信贷规模控制。虽然货币政策传导渠道开始多元，但信贷渠道依然一枝独秀。1998年开始，亚洲金融危机的深刻教训以及中国金融改革的深化，中央银行开始转变职能，逐步实施以间接调控为主的货币政策，不仅通过控制信贷结构和信贷规模，还通过公开市场操作、再贴现、存款准备金和利率等措施进行间接调控，并开始了「窗口指导」和「道义劝告」手段。2003年以来，我国间接调控货币政策传导机制初步建立并不断完善，国内经济持续高速增长，投资需求旺盛，成为拉动经济增长「三驾马车」的核心和中间力量。由于直接融资渠道狭窄，规模偏小，更多的资金需求只能通过银行贷款渠道解决，为防止经济过热和治理通货膨胀，中央银行在2008年初和2009年7月先后实施贷款限额控制，抑制商业银行过快的信贷增长规模。美国次贷危机前，尽管我国货币政策的货币传导机制还不成熟和完善，但信贷传导机制在货币政策传导体系中已呈逐渐弱化的趋势。随着次贷危机引发全球金融危机，各国中央银行意识到货币传导渠道的缺陷和时滞，并加强对虚拟经济和金融衍生品的监管和引导，信贷渠道有止跌回升趋势，成为中央银行货币政策传导的主要机制。

当前，由于我国利率和汇率政策还没有完全市场化，造成货币政策的利率和汇率传导渠道不畅，同时资本市场规模偏小，企业直接融资难度大，因此企业对银行资金的依存度很高，加之影子银行体系和地下金融委托代理成本过高，使得企业通过银行贷款的外部融资风险溢价相对较低，因此我国信贷渠道理所当然成为今后相当长一段时期货币政策传导渠道的主渠道。

5.3.2 目前我国信贷传导渠道存在的问题

在发达典型的市场经济体中，中央银行主要通过货币渠道间接调控商业银行和实体经济，充当着「看不见的手」的角色。但在我国，信贷传导渠道在货币政策传导机制中的强势地位（见图5-2），既有历史的原因，也有现实的基础，既有计划经济遗留的惯性思维，也有市场经济不发达的无奈选择，因此，需要从中央银行、商业银

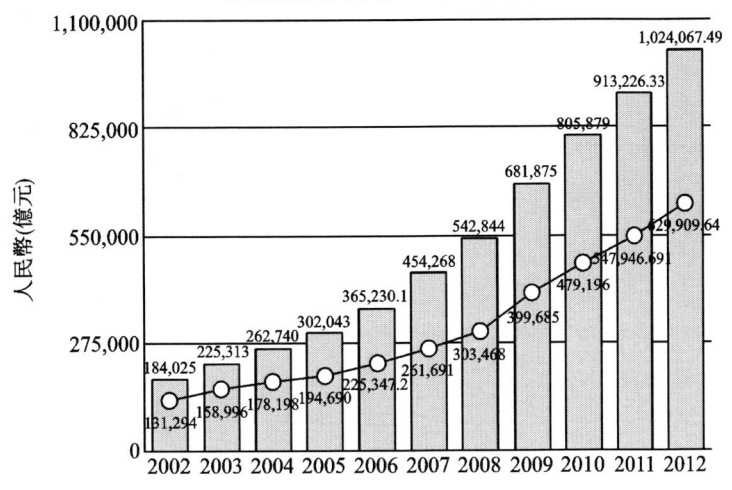

图 5-2　2002—2012 年金融機構貸款和資金運用

資料來源：中國人民銀行網站，相關年度金融機構人民幣信貸收支表，http://www.pbc.gov.cn/publish/diaochatongjisi/4179/index.html。

行和企業與個人三個維度找原因。

5.3.2.1　中央銀行直接調控信貸規模導致效益漏損

中央銀行剛性調控信貸規模，對產出變量和通貨膨脹率的影響是顯著的，但信貸規模與政府投資和國有大中型企業投資的關聯度較高，對市民生活和小微企業投資影響不大，這種信貸的傾向性不利於產業的轉換升級和經濟結構的轉型發展。中央銀行直接干預信貸規模，影響了商業銀行自主經營、自負盈虧的經營模式和決策市場化、利潤最大化的目標管理模式，因為中央銀行限定了信貸規模，商業銀行不能根據其利率成本和市場風險預期調節信貸結構和貸款規模，在通貨緊縮以及經濟下行時期容易產生不良資產。中央銀行直接干預信貸規模是造成中小企業融資難的誘因。由於中小企業風險度偏大，國家對銀行風險的寬容度不高，同樣的貸款業務，中小企業貸款邊際收益較低。在經濟下行時期，中小企業抵禦市場風險能力較弱，商業銀行出於安全性原則不願意給中小企業貸款；在經濟上行時期，中小企業貸款規模小，成本高，不如向大中型企業放款具有規模效應，因此商業銀行不願意對中小企業多投放信貸資金。

大量的中小企業貸不到款，促成了影子銀行體系的發展與壯大，可能成為影響我國經濟發展的「定時炸彈」，2011 年爆發的溫州民間金融危機就是明證。

5.3.2.2　商業銀行的體制機制阻梗

（1）商業銀行集中統一的信貸管理模式。我國國有商業銀行股份制改革后，隨著國際國內經濟金融環境的變化，為了防範和化解信貸風險，紛紛採取集權式的信貸管理模式，上收基層銀行的信貸管理權限，基層銀行營運資金權限很小，一般只有新增貸款推薦權和對小額貸款進行展期的審批權，這樣貨幣政策的信貸渠道不能傳導到基層銀行。

（2）我國金融體系的二元金融結構。二元金融結構是 Hyla Myint（1964）提出的正規金融與非正規金融並存的金融結構體系。正規金融機構是指以現代化管理方式經營的大銀行與非銀行金融機構，非正規金融是指以傳統方式經營的錢莊、高利貸和典當行之類的小金融機構等。二元金融結構的存在，使中央銀行的信貸渠道不能傳導到非正規金融覆蓋的區域，在一些偏遠山區或者不發達地區，非正規金融活動面很廣，制約了信貸渠道的傳導範圍。

（3）商業銀行內部的機構設置和結構調整。四大國有商業銀行專業化改造結束后，按照經濟效益原則合併撤銷了一大批基層網點，廣大農村和欠發達區域僅存信用社等稀少機構和少量的網點，農業貸款和小額貸款等基本上得不到正規金融機構的支持，形成信貸渠道的結構性矛盾。

（4）商業銀行信貸資源的非均衡配置。目前我國商業銀行利潤的主要來源是利差收入，因此商業銀行為了追求利潤最大化，必然擴大貸款規模，降低貸款成本，實施「抓大放小」的經營模式，信貸資源配置到「大城市、大企業、大項目」中，造成中小企業和農村貸款難。

5.3.2.3　企業和社會公眾金融意識淡薄

市場經濟應該是信用經濟，誠信是市場經濟的靈魂。信用是以償還付息為條件的價值運動的特殊形式，是長時間累積的信任和誠信度。在我國市場經濟逐步建立和完善的歷史階段，一些企業沒有

建立起基本的法人治理結構，內部控制混亂，企業的經營水平和盈利能力低下，金融部門採集不到企業的財務信息，達不到正規金融貸款必備的條件，銀行貸款風險度極高，直接影響了信貸資金的投放。我國社會公眾金融意識整體淡薄，金融知識缺乏，只要不涉及個人的核心利益，不會主動關心國家宏觀經濟金融狀況，以及微觀的金融政策調整，加之社會上個別極端案例影響和個人信用制度不健全，降低了個人的誠信，導致商業銀行的消費信貸「惜貸」。因此企業和社會公眾金融意識淡薄損害了整個社會的信用環境，增加了銀行的信貸風險，影響了銀行對中小企業和社會公眾的信貸投放力度和速度，制約了信貸渠道傳導的有效性。

5.3.3 人口老齡化對信貸傳導渠道的影響機制

John Lee 2013 年在美國雜誌「The National Interest」1~2 月號發表了「Pitfalls of an Aging China」一文，指出中國銀行業資本效率下滑的原因，不僅是因為銀行不良貸款的持續累積，還體現在中國日益嚴重的人口老齡化，人口紅利的消失導致支撐國家建設和實體經濟的原以為連綿不斷的農村剩餘廉價勞動力將逐步減少。因此人口老齡化不僅表現出勞動適齡人口的相對減少，更可能對銀行信貸造成影響。胡潔（2009）按照行為主體的不同，將銀行信貸渠道的傳導過程劃分為中央銀行主導階段、商業銀行主導階段以及企業主導階段。人口老齡化對中央銀行主導階段的影響，主要是通過對公共財政的壓力促使中央銀行增加貨幣供應量。Ralph C. Bryant 和 Delia Velculescu（2002）認為，在沒有考慮生育率下降對子女撫養費和青年人影響的情況下，社會公眾對人口老齡化影響養老保險和政府預算的關注，很容易導致對社會人口結構變動的淨經濟效應作出的推論。Adema 和 Ladaique（2011）研究認為如果人口結構按照預測的方向持續快速老齡化，將給財政帶來難以為繼的巨大壓力。韓玲慧（2013）運用數據詳細闡釋了人口老齡化給發達國家的社會保障事業帶來的巨大壓力，政府支出中用於社會保障和醫療保險的比例越來越快地上升，同時財政赤字和政府債務也在不斷攀升。付伯穎（2008）認為在其他條件不變的情況下，人口老齡化將在支出、收入

和收支關係等方面對公共財政帶來極大衝擊。因而基於對我國財政政策的理解，John Lee（2013）認為，隨著中國人口老齡化持續深入，目前主要是增加國家硬實力而投入的資源，將逐漸轉向以改善民生為導向的資源的重新配置。

因此，人口老齡化對中央銀行主導的信貸傳導渠道從理論上分析，可以表示為：人口老齡化→公共財政支出↑→貨幣供應量 M↑→通貨膨脹↑→總產出變動。

在商業銀行主導階段，人口老齡化將導致產業結構的調整，儘管魯志國（2001）分析了人口老齡化對我國產業結構調整的不利影響，但鐘若愚（2005）認為人口老齡化將促使老齡市場的形成和老年產業的發展，推動現有產業結構的長期調整。老齡產業作為朝陽產業的興起確實是近年來不爭的事實，因此，人口老齡化將影響商業銀行在相關產業的貸款投向選擇和貸款規模支持。另一方面，人口老齡化影響商業銀行的消費貸款，我國個人消費信貸主要集中於住房信貸，住房貸款期限長、利率變化大、不可控因素較多，因此隨著人口老齡化導致家庭結構、撫養關係等的變化，將對商業銀行的信貸活動造成影響。

5.4 人口老齡化對我國貨幣政策的信貸傳導影響的實證分析

5.4.1 變量選擇

人口老齡化對我國貨幣政策信貸傳導機制的影響，主要是通過中央銀行和商業銀行兩個傳導主體直接或者間接作用於實體經濟，影響社會總產出和社會公眾的投資消費選擇，因此，在分析人口老齡化對貨幣政策信貸傳導機制的影響時，需要研究的變量應該包括人口老齡化、財政赤字、貨幣供應量、通貨膨脹和銀行貸款。

人口老齡化的老年撫養比（ODR）、貨幣供應量 M2 等指標在第四章已作介紹。財政赤字指標，就是指財政支出大於財政收入而形成的差額，它反應著一國政府的收支狀況，反應財政赤字的指標有

財政赤字額、財政赤字率（即財政赤字占 GDP 的比重）、債務依存度（即國債余額占 GDP 的比重）等，為便於研究，選取財政赤字額（CZ）作為變量指標。銀行貸款指標，反應銀行貸款的指標很多，研究中選擇較為綜合的金融機構貸款總額作為變量，通貨膨脹指標選取 CPI 作為變量。

從數據來源來看，金融機構貸款總額的數據來源於中國人民銀行網站，CPI 數據來源於國家統計局網站，所有數據均為 2002 年 1 月至 2012 年 12 月的月度數據。

5.4.2 數據處理與檢驗

在本節的計量檢驗中，重點分析貸款總量（LOAN）、貨幣供應量（LNM2）、老年撫養比（ODR）、居民消費價格指數（CPI）和財政赤字（CZ）之間的關係。在模型構建之前，首先要檢驗各個變量的平穩性，檢驗結果如表 5-1~表 5-3 所示。從檢驗結果可以看出，各個變量都是水平不平穩，但是一階差分是平穩的，因此可以建立 VAR 模型並進行協整分析。

貨幣供應量（LNM2）、老年撫養比（ODR）的平穩性檢驗已在第四章進行。

表 5-1　　　　　　　CPI 的平穩性檢驗結果

Null Hypothesis: D (CPI) has a unit root			
Exogenous: Constant			
Lag Length: 11 (Automatic based on SIC, MAXLAG=12)			
		t-Statistic	Prob. *
Augmented Dickey-Fuller test statistic		-4.797,53	0.000,1
Test critical values:	1% level	-3.490,21	
	5% level	-2.887,67	
	10% level	-2.580,78	

表 5-2　　　　　　　CZ 的平穩性檢驗結果

Null Hypothesis：D（CZ）has a unit root			
Exogenous：Constant			
Lag Length：11（Automatic based on SIC，MAXLAG = 12）			
		t-Statistic	Prob. ＊
Augmented Dickey-Fuller test statistic		-5.636,25	0
Test critical values：	1% level	-3.490,21	
	5% level	-2.887,67	
	10% level	-2.580,78	

表 5-3　　　　　　　LOAN 的平穩性檢驗結果

Null Hypothesis：D（LOAN）has a unit root			
Exogenous：Constant，Linear Trend			
Lag Length：0（Automatic based on SIC，MAXLAG = 12）			
		t-Statistic	Prob. ＊
Augmented Dickey-Fuller test tatistic		-7.893,43	0
Test critical values：	1% level	-4.035	
	5% level	-3.447,07	
	10% level	-3.148,58	

5.4.3　VAR 模型構建和最優滯后期的選取

本文建立動態的 VAR 模型進一步檢驗，並採用極大似然法進行估計。基本模型表述如下：

$$LOAN_t = \alpha_0 + \sum_{i=1}^{n} \alpha_{1i} LNM2_{t-i} + \sum_{i=1}^{n} \alpha_{2i} ODR_{t-i} + \sum_{i=1}^{n} \alpha_{3i} CPI_{t-i} + \sum_{i=1}^{n} \alpha_{4i} CZ_{t-i} + \xi_{1t}$$

$$LNM2_t = \beta_0 + \sum_{i=1}^{n} \beta_{1i} LOAN_{t-i} + \sum_{i=1}^{n} \beta_{2i} ODR_{t-i} + \sum_{i=1}^{n} \beta_{3i} CPI_{t-i} +$$

$$\sum_{i=1}^{n} \beta_{4i} CZ_{t-i} + \xi_{2t}$$

$$ODR_t = \theta_0 + \sum_{i=1}^{n} \theta_{1i} LNM2_{t-i} + \sum_{i=1}^{n} \theta_{2i} LOAN_{t-i} + \sum_{i=1}^{n} \theta_{3i} CPI_{t-i} +$$

$$\sum_{i=1}^{n} \theta_{4i} CZ_{t-i} + \xi_{3t}$$

$$CPI_t = \rho_0 + \sum_{i=1}^{n} \rho_{1i} LNM2_{t-i} + \sum_{i=1}^{n} \rho_{2i} ODR_{t-i} + \sum_{i=1}^{n} \rho_{3i} LOAN_{t-i} +$$

$$\sum_{i=1}^{n} \rho_{4i} CZ_{t-i} + \xi_{4t}$$

$$CZ_t = \lambda_0 + \sum_{i=1}^{n} \lambda_{1i} LNM2_{t-i} + \sum_{i=1}^{n} \lambda_{2i} ODR_{t-i} + \sum_{i=1}^{n} \lambda_{3i} CPI_{t-i} +$$

$$\sum_{i=1}^{n} \lambda_{4i} LOAN_{t-i} + \xi_{5t}$$

式中 i 為變量的滯后期數，可由 LR、FPE、AIC、SC、HQ 等信息準則進行判定（見表 5-4）。根據判定結果，本文選取的最優滯后期數為 i=5，此時的 LM 檢驗顯示殘差不存在自相關，J-B 檢驗表明滿足正態分佈要求，White 檢驗表明不存在異方差。

表 5-4　　　　　　　　**最優滯後期的選取**

Lag	LogL	LR	FPE	AIC	SC	HQ
0	-2,646.239	NA	1.55E+13	44.558,64	44.675,41	44.606,05
1	-1,520.488	2,137.98	142,867.1	26.058,63	26.759,25 *	26.343,13
2	-1,477.203	78.567,47	105,301.2	25.751,32	27.035,79	26.272,90 *
3	-1,452.305	43.100,89	106,068.2	25.753,03	27.621,35	26.511,7
4	-1,425.282	44.508,92	103,601.9	25.719,03	28.171,2	26.714,78
5	-1,392.055	51.934,43 *	91,782.12 *	25.580,76 *	28.616,78	26.813,59

VAR 模型的檢驗結果如表 5-5 所示。從變量滯后項的顯著性來看，就被解釋變量 LOAN 而言，受其自身的滯后 1 期、3 期、4 期、5 期的影響較為明顯；受 M2 的滯后 1 期影響較為明顯；受 ODR、CPI 的滯后 1、2 期影響較為明顯；受 CZ 滯后 1、4、5 期的影響較為明顯；就被解釋變量 M2 而言，受 LOAN 滯后 1 期、5 期影響較為明顯；受其自身滯后 1 期、滯后 5 期影響較為明顯；受 ODR 的滯后 1、2 期

影響較為明顯；受 CPI 滯后 1 期的影響較為明顯；受 CZ 的滯后 4 期影響比較明顯。

由此可見：

（1）ODR 對 M2、LOAN 和 CZ 的動態影響在滯后 1 期和滯后 2 期最為顯著，說明人口老齡化對貨幣供應量、貸款總量和財政赤字有影響。

（2）LOAN 的變化對 M2、CZ、CPI 等都具有較強的動態影響，說明我國貨幣政策信貸傳導渠道是非常有效的。

表 5-5　　　　　　　　VAR 模型的計量檢驗結果

	LOAN	M2	ODR	CPI	CZ
LOAN（-1）	1.036,232	3.95E-07	3.42E-07	-2.64E-05	-0.115,182
	［8.132,74］	［0.755,40］	［0.407,49］	［-0.687,20］	［-1.790,76］
LOAN（-2）	-0.173,239	-7.16E-07	-9.06E-07	2.82E-06	-0.142,829
	［-0.998,60］	［-1.005,34］	［-0.792,53］	［0.053,82］	［-1.630,93］
LOAN（-3）	0.334,647	1.12E-06	8.21E-07	4.16E-05	0.273,549
	［1.913,50］	［1.560,11］	［0.712,62］	［0.789,06］	［3.098,49］
LOAN（-4）	-0.467,137	-1.12E-06	-1.36E-06	-4.81E-05	-0.031,885
	［-2.575,77］	［-1.498,25］	［-1.138,06］	［-0.879,00］	［-0.348,28］
LOAN（-5）	0.250,852	1.93E-07	1.26E-06	3.72E-05	0.004,569
	［2.091,46］	［0.391,36］	［1.588,49］	［1.029,90］	［0.075,46］
M2（-1）	66,824.03	0.824,659	-0.061,456	5.209,478	38,463.12
	［2.123,11］	［6.379,70］	［-0.296,33］	［0.548,90］	［2.420,79］
M2（-2）	203.019,4	0.160,265	-0.022,721	-0.764,622	37,579.78
	［0.005,21］	［1.002,23］	［-0.088,56］	［-0.065,13］	［1.911,92］
M2（-3）	-48,917.14	-0.060,672	0.097,06	2.208,32	-53,203.61
	［-1.263,67］	［-0.381,63］	［0.380,52］	［0.189,19］	［-2.722,62］
M2（-4）	-13,998.83	-0.183,04	0.130,672	-1.020,082	52,657.12
	［-0.348,58］	［-1.109,78］	［0.494,18］	［-0.084,24］	［2.597,38］
M2（-5）	-2,801.216	0.267,34	-0.129,005	-5.942,167	-72,037.6
	［-0.087,59］	［2.035,55］	［-0.612,22］	［-0.616,22］	［-4.462,34］

表5-5(續)

	LOAN	M2	ODR	CPI	CZ
ODR (-1)	32,759.93	0.114,408	1.504,271	-4.616,016	17,447.01
	[2.112,72]	[1.796,55]	[14.722,8]	[-0.987,25]	[2.228,91]
ODR (-2)	-62,464.51	-0.193,239	-0.656,551	3.842,642	-25,668.74
	[-2.205,80]	[-1.661,55]	[-3.518,59]	[0.450,01]	[-1.795,60]
ODR (-3)	41,592.22	0.103,954	0.306,919	2.786,018	9,055.38
	[1.343,05]	[0.817,35]	[1.504,08]	[0.298,35]	[0.579,24]
ODR (-4)	-10,597.5	0.011,375	-0.255,074	-6.751,196	-6,178.703
	[-0.353,23]	[0.092,32]	[-1.290,31]	[-0.746,28]	[-0.407,97]
ODR (-5)	4,900.195	-0.018,853	0.070,832	3.854,491	6,125.102
	[0.292,52]	[-0.274,04]	[0.641,72]	[0.763,09]	[0.724,33]
CPI (-1)	-873.355,8	-0.003,467	0.000,9	1.004,355	154.661,3
	[-2.558,29]	[-2.473,13]	[0.400,24]	[9.756,78]	[0.897,46]
CPI (-2)	811.975,8	0.002,674	-0.001,066	0.023,749	-71.477,02
	[1.670,66]	[1.339,76]	[-0.332,95]	[0.162,05]	[-0.291,33]
CPI (-3)	-48.999,69	6.85E-05	-0.002,548	0.050,996	107.064,3
	[-0.097,44]	[0.033,17]	[-0.769,11]	[0.336,31]	[0.421,76]
CPI (-4)	-686.351,2	-0.000,145	0.000,437	-0.115,313	82.301,75
	[-1.391,04]	[-0.071,75]	[0.134,31]	[-0.775,05]	[0.330,43]
CPI (-5)	508.598,6	-5.36E-05	0.001,941	-0.065,837	-224.324,2
	[1.483,38]	[-0.038,06]	[0.859,20]	[-0.636,81]	[-1.296,06]
CZ (-1)	0.507,014	7.87E-07	-4.44E-07	7.09E-05	0.143,253
	[2.801,34]	[1.058,96]	[-0.372,07]	[1.298,61]	[1.567,92]
CZ (-2)	-0.155,379	7.08E-08	-8.59E-07	-6.53E-06	-0.272,795
	[-0.909,05]	[0.100,91]	[-0.762,55]	[-0.126,73]	[-3.161,60]
CZ (-3)	0.264,755	-5.15E-07	-1.20E-06	7.23E-05	0.265,644
	[1.557,04]	[-0.737,10]	[-1.075,23]	[1.409,35]	[3.094,78]
CZ (-4)	-0.404,468	-2.16E-06	9.29E-07	-9.16E-06	-0.381,172
	[-2.290,37]	[-2.974,18]	[0.798,22]	[-0.171,93]	[-4.275,78]

表5-5(續)

	LOAN	M2	ODR	CPI	CZ
CZ (-5)	0.435,243	9.81E-07	1.11E-08	8.89E-05	-0.023,981
	[2.190,99]	[1.202,60]	[0.008,47]	[1.483,66]	[-0.239,14]
C	-50,155.17	-0.161,816	0.155,717	22.436,77	-55,765.72
	[-1.237,80]	[-0.972,40]	[0.583,23]	[1.836,35]	[-2.726,32]

5.4.4 Johansen（約翰遜）協整檢驗

本節在構建各個變量VAR模型的基礎上，選取協整檢驗為滯后4期，進一步展開協整分析。在上述設定基礎上，進一步根據特徵根跡檢驗（trace）和最大特徵值檢驗（Maximum Eigenvalue）的結果（見表5-6、表5-7）在5%的顯著性水平下，各個變量之間存在一組協整關係。

通過Johansen協整分析可以看出，LOAN與M2之間是顯著的長期正向協整關係，LOAN與ODR、CPI的關係並不明顯（t檢驗不顯著），LOAN與CZ呈現顯著的負向協整關係。

表5-6　　　　　　　　跡檢驗結果

Unrestricted Cointegration Rank Test (Trace)			
Hypothesized No. of CE (s)	Eigenvalue	Trace Statistic	0.05 Critical Value	Prob
None *	0.373,681	119.974,3	69.818,89	0
At most 1 *	0.302,423	64.294,83	47.856,13	0.000,7
At most 2	0.107,966	21.437,85	29.797,07	0.330,9
At most 3	0.059,595	7.842,023	15.494,71	0.482,4
At most 4	0.004,444	0.530,052	3.841,466	0.466,6

表 5-7　　　　　　　　　特徵值檢驗結果

| Unrestricted Cointegration Rank Test (Maximum Eigenvalue) |||| |
Hypothesized No. of CE (s)	Eigenvalue	Max-Eigen Statistic	0.05 Critical Value	Prob
None *	0.373,681	55.679,51	33.876,87	0
At most 1 *	0.302,423	42.856,98	27.584,34	0.000,3
At most 2	0.107,966	13.595,83	21.131,62	0.399,1
At most 3	0.059,595	7.311,97	14.264,6	0.452,9
At most 4	0.004,444	0.530,052	3.841,466	0.466,6

$$LOAN = 615002LNM2 + 95,457.16ODR + 8,546.30CPI - 187.96CZ$$

(2.968t值0.572) （0.749） （4.561）

5.4.5　Granger（格蘭杰）因果關係檢驗

在分析了變量的長期關係之後，本節進一步分析變量之間的 Granger 因果關係。為比較清晰地反應相關變量之間格蘭杰因果關係狀況，本文分別檢驗這些變量滯后 1~12 期的格蘭杰因果關係，從中選取與本研究有密切關係的檢驗結果並予以分析。

Granger 因果關係檢驗的結果如表 5-8 所示。由此可見，ODR 在滯后 1~4 期都成為 LOAN 變動原因；CPI 在滯后 1~12 期都成為 LOAN 變動原因；LNM2 在滯后 4 期成為 LOAN 的變動原因；CZ 在滯后 4~12 期都成為 LOAN 變動原因；除此之外，各個變量之間的因果關係並不顯著。

表 5-8　　　　　　　格蘭杰因果關係檢驗結果

	LOAN 不是 CZ 原因	CZ 不是 LOAN 原因	CPI 不是 LOAN 原因	LOAN 不是 CPI 原因	LOAN 不是 ODR 原因	ODR 不是 LOAN 原因	LOAN 不是 LNM2 原因	LNM2 不是 LOAN 原因
1	0.243	0.151	0.001	0.725	0.363	0.015	0.516	0.127
2	0.219	0.634	0.003	0.454	0.157	0.033	0.595	0.308

表5-8(續)

	LOAN不是CZ原因	CZ不是LOAN原因	CPI不是LOAN原因	LOAN不是CPI原因	LOAN不是ODR原因	ODR不是LOAN原因	LOAN不是LNM2原因	LNM2不是LOAN原因
3	0.262	0.806	0.013	0.754	0.215	0.031	0.790	0.119
4	0.342	0.010	0.033	0.747	0.267	0.031	0.940	0.009
5	0.079	0.010	0.010	0.710	0.278	0.070	0.903	0.061
6	0.028	0.006	0.024	0.852	0.096	0.052	0.889	0.060
7	0.042	0.019	0.036	0.899	0.126	0.128	0.842	0.087
8	0.129	0.011	0.032	0.860	0.168	0.198	0.821	0.103
9	0.458	0.024	0.038	0.916	0.299	0.287	0.304	0.083
10	0.304	0.045	0.055	0.892	0.376	0.336	0.603	0.129
11	0.054	0.007	0.055	0.953	0.391	0.431	0.288	0.158
12	0.005	0.011	0.080	0.911	0.503	0.504	0.133	0.093

5.4.6 小結

通過2002—2012年月度宏觀經濟數據對我國人口老齡化對貨幣政策信貸傳導機制進行實證分析，結果表明：

（1）人口老齡化對貨幣政策信貸傳導機制有效，說明人口老齡化對我國信貸政策的制定和實施有一定的影響，並通過信貸渠道傳導到實體經濟。

（2）貸款總額對各變量的解釋能力明顯強於利率，金融機構的貸款活動對我國投資、消費以及總產出有很強的解釋能力，說明我國貨幣政策信貸傳導機制是貨幣政策傳導的主渠道。

通過實證分析可以看出，人口老齡化通過信貸渠道對實體經濟形成影響，主要原因如下：

我國進入老齡化社會以來，中央銀行通過「窗口指導」「道義勸告」等，引導商業銀行對老年產業進行信貸支持。《中共中央關於全面深化改革若干重大問題的決定》提出「積極應對人口老齡化，加快建立社會養老服務體系和發展老年服務產業」，儘管屬於點對點的措施，但一定程度上也說明國家應對人口老齡化在政策扶持上的態

度。隨著社會保障制度的逐步完善和內需的拉動，退休人群固定收入的增加，「銀髮市場」蘊藏巨大商機。當前，城市的老年人中有42.8%的人擁有存款，每年老年人的離退休金、再就業收入、親朋好友的資助可達3,000億至4,000億元[1]，為金融機構的信貸支持提供了強勁的內趨力。近幾年，我國金融機構不斷進行金融產品和服務方式創新，不斷增強民間資本的吸引力，不斷拓寬信貸抵押擔保物範圍，通過政府投入、財政貼息以及籌措小額貸款等形式，大力支持老齡產業的發展，在健康保險、養老基礎設施建設、文化娛樂、體育健身、養老消費等方面給予了大量的支持。

---

[1] 數據來源：中國老齡科學研究中心，http://www.crca.cn/channel/135.html。

6 人口老齡化對貨幣政策匯率傳導機制的影響

6.1 貨幣政策匯率傳導機制的理論分析

貨幣政策匯率傳導機制是指中央銀行運用匯率政策控制和調節匯率變動,實現宏觀經濟發展目標的傳導途徑與作用機理。匯率亦稱外匯市或匯價,是一國貨幣兌換另一國貨幣的比率,是以一種貨幣表示另一種貨幣的價格。1997年亞洲金融危機最直接的原因就是泰國、馬來西亞等東南亞國家匯率政策的失誤,造成了這些國家金融體系的系統性崩潰和經濟的大衰退。在世界經濟一體化進程中,亞洲金融危機的深刻教訓凸顯出貨幣政策匯率傳導機制在貨幣政策體系中的重要地位,因此只有充分認識匯率機制傳導貨幣政策的路徑,才能制定出適宜的匯率政策,消除傳導中的壁壘和障礙,保證匯率政策實質性作用於實體經濟,實現經濟增長目標。

6.1.1 貨幣政策匯率傳導機制的主要理論

貨幣政策匯率傳導機制的理論基礎有馬克思的匯率理論、均衡匯率理論、資產組合平衡理論等,本文主要介紹購買力平價理論、利率平價理論和蒙代爾-弗萊明模型。

6.1.1.1 購買力平價理論

購買力平價理論是關於匯率決定的一種理論。1802年英國經濟學家H. Thornton提出了購買力平價思想,David Ricardo在其古典經

濟理論中加以發展並成為其中一個組成部分，瑞典經濟學家 G. Cassel 在 1922 年出版的《1914 年以后的貨幣與外匯》一書中對購買力平價思想作了詳細論述，成為當今匯率理論中最具影響力的理論之一。購買力平價理論認為兩國貨幣的匯率取決於兩種貨幣在這兩國的購買力之比。當兩種貨幣都發生通貨膨脹時，名義匯率就等於兩國通貨膨脹率之比與原先的匯率的積，由此計算出來的匯率看作是兩種貨幣之間新的平價，這一平價即購買力平價。購買力平價理論認為紙幣的購買力同紙幣所代表的價值之間存在著一定聯繫，通貨膨脹的變化影響了匯率的變化。購買力平價理論分為絕對購買力平價理論和相對購買力平價理論。

6.1.1.2 利率平價理論

利率平價理論是關於資本流動與匯率決定之間關係的一種理論。利率平價理論萌芽於 19 世紀 60 年代，發軔於 19 世紀 90 年代德國經濟學家沃爾塞·洛茨（Lotz Walther）提出的利差與遠期匯率關係問題，發展於 20 世紀初期凱恩斯建立的古典利率平價模型和 20 世紀三四十年代保羅·艾因齊格（Paul Einzig）的動態均衡思想，后來經過羅伯特·Z. 阿利布爾（Robert Z. Aliber）等人的進一步發展，現代利率平價理論臻於完善。利率平價理論通過利率同即期匯率與遠期匯率之間的關係來說明匯率的決定與變動原因，認為兩個國家利率的差額相等於遠期兌換率及現貨兌換率之間的差額。利率平價理論因投資者風險偏好假定不同可分為無拋補利率平價和拋補利率平價兩種。

6.1.1.3 蒙代爾–弗萊明模型

蒙代爾–弗萊明模型是在開放經濟條件下分析財政貨幣政策效力的主要工具，被稱為開放經濟條件下進行宏觀分析的工作母機。1963 年，蒙代爾（Robert A. Mundell）在《加拿大經濟學雜誌》上發表了「固定和浮動匯率下的資本流動和穩定政策」一文，擴展了 IS-LM 模型，提出了開放經濟條件下的蒙代爾–弗萊明模型。通過模型分析發現，在沒有資本流動的情況下，貨幣政策在固定匯率下在影響與改變一國的收入方面短期是有效的，但長期來看是無效的，在浮動匯率下則更為有效；在資本有限流動情況下，整個調整結構

與政策效應與沒有資本流動時基本一樣；而在資本完全可流動情況下，貨幣政策在固定匯率時在影響與改變一國的收入方面是完全無能為力的，但在浮動匯率下，則是有效的。蒙代爾-弗萊明模型說明了在開放經濟條件下資本自由流動以及不同的匯率制度對一國宏觀經濟的影響，代表了匯率內外均衡調節的最高理論成就。

6.1.2 成熟市場經濟下的匯率傳導機制

在成熟的市場經濟體，因為擁有發達的資本市場，國家在實施擴張性財政政策情況下，中央銀行仍能夠通過貨幣政策工具的實施，合理調控流通中的貨幣供應量，保持通貨緊縮。因此在發達市場經濟國家，蒙代爾-弗萊明模型具有很強的適應性，美國、日本和德國就是蒙代爾-弗萊明模型應用最好的三個國家。

在固定匯率制度下，根據蒙代爾-弗萊明模型，無論資本是否完全自由流動，中央銀行的貨幣政策都是無效的。在資本不完全流動條件下，中央銀行實施緊縮性貨幣政策，流通中貨幣供應量減少，利率上升，導致國際收支順差和本幣升值，而中央銀行為維持固定匯率，將購買外幣，賣出本幣，外匯儲備增加，貨幣供應量增加，導致利率下降，投資上升，最終導致社會總供給和總需求發生變化。由於中央銀行必須維持匯率固定不變，這個過程將一直持續不斷地進行下去，直到社會總需求與總供給恢復到正常水平。因此，在固定匯率制度下，在資本不完全流動的情況下，中央銀行貨幣政策的實施與調整對實際經濟變量沒有影響。在資本完全流動情況下，中央銀行實施緊縮性貨幣政策，流通中貨幣供應量減少，利率上升，導致國際資本大量流入，資本項目收支出現順差，致使本幣升值，中央銀行為維持固定匯率，將購買外幣，賣出本幣，外匯儲備上升，貨幣供應量增加，這樣中央銀行貨幣政策經過一系列路徑傳導，導致貨幣供應量在兩頭一減一增，抵消了貨幣政策的實施效果。因此，在固定匯率制度下，在資本完全流動情況下，中央銀行實施緊縮性貨幣政策無法對實體經濟造成影響，導致貨幣政策無效。

在浮動匯率制度下，根據蒙代爾-弗萊明模型，在資本不完全流動條件下，中央銀行實施緊縮性貨幣政策，流通中貨幣供應量減少，

利率上升，經常項目和資本項目出現順差，導致本幣升值，出口增加，進口減少，國民收入增加。在資本完全流動條件下，國內利率與國外保持一致性，中央銀行實施緊縮性貨幣政策，流通中貨幣供應量減少，本幣升值，出口增加，進口減少，國民收入增加。因此在浮動匯率制度下，無論資本是完全流動還是不完全流動，貨幣政策的實施將通過匯率機制傳導到實體經濟，影響出口與社會總產出，實現貨幣政策目標。

6.2 我國當前匯率制度下的匯率傳導機制

6.2.1 我國匯率政策的演變

新中國成立以來，我國匯率制度經歷了由官定匯率到市場決定，由固定匯率到有管理的浮動匯率制度的變遷，在計劃經濟、有計劃的商品經濟以及社會主義市場經濟不同的發展階段體現出不同的制度軌跡。

在計劃經濟時期，1973年以前，我國實行釘住美元的固定匯率制度。在新中國成立初期，國民經濟處於恢復階段，在國際貨幣以美元和黃金為基礎的布雷頓森林體系下，由於人民幣無法規定具體的含金量，因此在對外貿易中對其他國家貨幣的匯率，不能按兩國貨幣所含的美元或者黃金來確定，只能以實際的物價水平作為匯率制定的依據。從1953年起，國內物價趨於全面穩定，社會主義改造順利推進，對外貿易由新組建的國有公司統一經營，外貿產品的價格納入國家指令性計劃，這一時期人民幣匯率逐漸同物價脫鉤，參照各國政府公布的匯率來制定我國合適的匯率。1973年布雷頓森林體系徹底解體，以美元為中心的固定匯率制崩潰，西方國家普遍實行了浮動匯率制，我國也從1973年起放棄了釘住美元的匯率政策，採取釘住加權的「一籃子」貨幣的固定匯率制度，以避免西方國家通貨膨脹及匯率的劇烈波動對我國經濟發展造成不利的影響。1979年我國改革開放興起，國家開始改革外貿管理體制，打破國營外貿部門對外貿易的壟斷經營權。為了加強經濟核算並適應外貿體制改

革的需要，1981年起實行「雙重匯率制」或「匯率雙軌制」的匯率管理制度，在繼續保留官方外匯牌價的基礎上，另外制定貿易外匯內部結算價。

在有計劃的商品經濟發展階段，我國實行官方匯率與市場匯率並存的多重匯率制度。由於國際貨幣基金組織和外國生產企業對「雙重匯率」提出異議，認為我國的匯率制度造成國際的不公平競爭，1985年開始，我國迫於國際壓力，被迫取消了貿易外匯的內部結算價，重新恢復單一匯率制。1986年起，人民幣放棄釘住一籃子貨幣的做法，改為管理浮動，人民幣官方匯率根據國內經濟發展形勢進行適時適度、機動靈活、有升有降的浮動調整，從而形成了統一的官方牌價與迥乎不同的市場調劑匯價並存的「新雙軌制」。

在社會主義市場經濟建立和發展階段，我國更富彈性的有管理的浮動匯率制度逐步形成，並將持續得到完善。1994年1月，我國實行人民幣匯率並軌，取消雙軌制，逐步建立起以市場供求為基礎的、單一的、有管理的浮動匯率制度。1996年12月我國實現了人民幣經常項目可兌換，2005年7月我國再次對匯率制度實施改革，人民幣匯率不再盯住單一美元，開始實行參考一籃子貨幣進行匯率調整，逐步實施以市場供求為基礎的、有管理的浮動匯率制度。2012年11月黨的十八大報告提出，要穩步推進匯率市場化改革，逐步實現人民幣資本項目可兌換，初步建立起以適應市場供求變化為基準的、更為靈活的人民幣匯率形成機制，增強匯率的彈性和靈活性，積極應對當前國際經濟、貿易、國際投資環境變化的挑戰，從而建立起公平可持續的市場經濟體制。

6.2.2 我國當前匯率制度下的匯率傳導機制

根據蒙代爾-弗萊明模型，在固定匯率制度下，中央銀行的貨幣政策匯率傳導機制是無效的，而在浮動匯率制度下，中央銀行的貨幣政策能夠通過匯率機制傳導到實體經濟。由於我國特殊的外匯管理制度，蒙代爾-弗萊明模型的前提條件與我國宏觀經濟不盡相符，因此我國的匯率傳導機制有其特殊性，表現在兩個方面，一是我國經常項目和資本項目的「雙順差」。雙順差是指我國因各種制度缺

陷、價格扭曲和宏觀經濟發展的不平衡導致在國際收支中經常項目、資本和金融項目都呈現順差，我國外匯儲備持續增加，居高不下，國際資本源源不斷流入我國，在此情況下中央銀行可以在不影響人民幣利率的條件下調節外匯供求，也可以在不影響匯率變動的情況下調整貨幣政策，外匯交易市場和國內其他金融市場是割裂的，沒有形成協整機制。二是我國長期實行強制結售匯制度及其影響，除國家規定的外匯帳戶可以保留外，企業和個人必須將多餘的外匯賣給外匯指定銀行，外匯指定銀行必須把高於國家外匯管理局規定頭寸的外匯在銀行間市場賣出。在強制結售匯制度下，微觀經濟主體即使判斷出人民幣的升值或者貶值預期，也只能望洋興嘆而不果，因此中央銀行沒有必要通過買賣外匯來維持人民幣的幣值穩定。2012年4月中旬，國家外匯管理局規定，國家不再實行強制結售匯的做法，企業和個人可以自主保留外匯收入。至此，我國保留了幾十年的強制結售匯制度壽終正寢。但由於我國企業和個人國際金融知識及意識缺乏，加之實行了幾十年的結售匯制度的影響，以及人民幣長期的升值趨勢，短時期內對匯率傳導不會產生太大的影響。

隨著我國社會主義市場經濟的發展和金融改革的深化，人民幣與美元匯率突破單邊升值趨勢而呈現出雙邊波動態勢，這為我國完善匯率形成的市場機制提供了難得的時間窗口。2008年世界金融危機以來，由於人民幣持續升值，更多的套利空間吸引了巨量短期國際遊資流入我國，造成了我國房地產市場等諸多領域的「非理性繁榮」，進一步加劇了外匯儲備和流動性過剩，增加了中央銀行調控通貨膨脹的壓力，也阻梗了我國貨幣政策匯率渠道向實體經濟的傳導。

6.2.3 我國匯率傳導機制阻滯的因素分析

貨幣政策匯率傳導機制作為貨幣政策作用於實體經濟的重要渠道，在發達成熟的市場經濟體下，彰顯出越來越重要的作用。我國獨特的經濟發展模式和外匯管理政策，使匯率傳導機制作用於實體經濟渠道受阻，因此，在當前世界經濟一體化背景下，研究匯率傳導機制的阻滯因素，推進匯率市場化改革進程，顯得尤為迫切和重要。

6.2.3.1 我國貨幣政策目標的雙重性

理論上講，貨幣政策目標有穩定物價、充分就業、國際收支平衡和經濟增長，中央銀行根據國內經濟社會發展形勢的變化可以在這四大目標中進行取捨和有所側重。我國貨幣政策的目標是「保持貨幣幣值的穩定，並以此促進經濟增長」。這就意味著我國要在保持人民幣對內對外雙重穩定的基礎上，實現經濟的穩步增長。根據蒙代爾-弗萊明模型，當一國經濟陷入低迷時，中央銀行採取擴張性貨幣政策，流通中貨幣供應量增加，利率下降，將促使物價上升，本幣貶值，匯率上升，由於要維持幣值穩定，在物價上升時名義匯率不變，將使本幣的實際匯率相對提高，出口產品競爭力下降，進口增加，導致國內商品市場供大於求，這樣就降低了擴張性貨幣政策的實施效果。

6.2.3.2 涉外經濟金融的優惠政策

改革開放初期，隨著對外開放進程的加快，我國出現巨大的外匯缺口，為了增加外匯儲備，以便從國際市場上購買國內緊缺資源，突破阻礙經濟發展的瓶頸，我國除大力吸引外商直接投資等政策外，鼓勵國內企業積極發展對外貿易，自 1985 年 4 月實施了出口退稅政策，使國內產品以不含稅成本進入國際市場，增強競爭能力，提高創匯能力。同時，為彌補建設資金短缺，國家鼓勵外商直接來華投資，給予外資企業政策優惠，享受超國民待遇。1984 年我國外匯儲備餘額為 82.2 億美元，之後成幾何倍數增長，到 2013 年達到了 3.82 萬億美元[1]。雖然我國外匯儲備得到了巨額增長，但這種針對對外貿易企業優惠的制度安排，弱化了外貿企業對匯率彈性的敏感度，削弱了匯率變動的槓桿效應，阻礙了匯率傳導機制的有效性。

6.2.3.3 利率市場化程度低

根據利率平價理論，兩個國家利率的差額相等於遠期兌換率及現貨兌換率之間的差額，因此利率和匯率兩者是相互作用的，利率的差異會影響匯率的變動，匯率的改變也會通過資金流動而影響不同市場上的資金供求關係，進而影響到利率。由於我國利率尚未完

---

[1] 中國人民銀行，黃金和外匯儲備報表，http://www.pbc.gov.cn/publish/diaochatongjisi/4181/index.html。

全市場化，資本項目不能自由兌換，當中央銀行實施擴張性貨幣政策時，利率降低，套利資金將會把人民幣兌換成外幣流出國內，引起外匯資金需求增大，匯率降低，為了維持為了穩定，中央銀行就會拋出外幣購買人民幣，從而抵消積極的貨幣政策的有效性，因此利率的市場化程度成為匯率傳導機制有效性的重要前提。

6.2.3.4 微觀經濟主體的國際金融意識與行為

貨幣政策的匯率傳導最終要落腳到微觀經濟主體，因此微觀經濟主體對匯率變化的敏感度就成為匯率傳導有效性的客觀基礎，企業對匯率變動所引致的經濟變量變動信息的收集、整理、分析和決策的反應情況，將直接影響匯率傳導機制的有效性。一是我國企業參與國際競爭經驗不足，國際金融的理論與實務、專業性與技術性都很強，風險度又很高，因此企業在應對匯率變動時的風險防範意識和手段十分欠缺。二是我國實行的匯率政策，如匯率的浮動方式、強制結售匯制度等，將匯率風險兜底給國家，儘管取消了強制結售匯制度，但由於人民幣長期的升值趨勢，麻痺了匯率風險對微觀經濟主體帶來的不利影響。三是匯率變動對來料加工類企業影響很小，由於我國勞動力資源豐富，來料加工類產品工期短，企業利潤不高，但產品數量龐大，因此不管人民幣升值還是貶值，企業賺取中間差價的利潤總數受到的影響基本上接近於中性。四是大量的外資企業特別是大型跨國公司，為了保持公司內部資金的流動性並有效控制匯兌損失，加大內部結算行為，或者基於人民幣長期升值預期而保留人民幣行為，降低了匯率變動對企業經營活動的調節效應。

6.3 國內外匯率傳導機制的影響分析：相關文獻

隨著國際金融一體化的深入推進，世界各國的經濟聯繫日益緊密，從1998年亞洲金融危機和2008年全球金融危機可以看出，金融危機可以迅速從局部蔓延到全球，在發達國家和發展中國家之間相互傳導，並從金融領域擴散到實體經濟，因此，制定和實施適宜的貨幣政策，發揮匯率渠道在貨幣政策傳導機制中的重要作用，防範

和化解國際金融風險，成為各國中央銀行不可逾越的必答題。

　　國外學者對匯率傳導渠道的研究很深入，成果也很豐富，主要集中在匯率政策對國內價格水平、對外貿易和國際投資的影響等方面。Goldberg 和 Knetter（1997）指出匯率傳導就是指進出口國間的匯率變動一個百分點所引致的以進口國貨幣表示的進口價格變動的百分比。Obstfeid 和 Rogoff（1995）構建了一個開放經濟動態下的一般均衡模型，認為企業的定價策略將影響匯率對進口商品價格傳遞的效果，匯率的傳遞系數取決於生產者貨幣定價與當地貨幣定價策略的比例。Taylor（2000）對匯率傳導效應和通脹水平、貨幣政策的關係進行了研究，認為較低的通脹環境會使企業在低通脹預期的狀況下選擇穩定價格的調整行為，降低了匯率的傳導效應；反之，較高的通脹環境會產生較高的匯率傳導效應。保羅·克魯格曼和茅瑞斯·奧伯斯法爾德在《國際經濟學》一書中提出了著名的「J 曲線效應」，在本國貨幣貶值初期，經常項目收支狀況不僅得不到好轉，反而會比原先更為惡化，進口增加而出口減少。Miles（1979）採用簡化數理模型實證研究了 14 個國家貨幣貶值和國際貿易收支之間關係，認為貨幣貶值不能改善國際貿易收支，但能引起組合資產中貨幣和債券比例發生改變。Froot 和 Stein（1991）提出了匯率變動的「財富效應」，當一國貨幣出現貶值時，本幣幣值的下降導致外幣的相對價格上升，在資本市場不完全的情況下，本國投資者在相同條件下不能通過借入外幣獲得相對價格的差異來累積財富，而外國投資者能以相同外幣獲得更多東道國的資產，這樣，本幣貶值將有利於外商投資的增加。

　　國內研究方面，主要存在匯率傳導渠道的有效性之爭。高山、崔彥宗等（2011）通過對 2002 年以來相關的經濟金融月度數據的實證分析，研究了我國貨幣政策匯率傳導渠道的作用機理和傳導效果，認為中國人民銀行通過貨幣政策操作引起貨幣供應量的變動，但貨幣供應量的改變很難引起實際有效匯率的變動，這就降低了貨幣政策操作對實際有效匯率傳導的有效性。張輝、黃澤華（2011）通過實證方法檢驗了我國貨幣政策匯率傳導機制的有效性，研究發現在匯率傳導渠道中，貨幣政策和匯率波動存在長期均衡關係。由於受

到匯率形成機制非市場化、資本流動受限及強制結售匯制度等因素的影響，貨幣政策對匯率傳導存在時滯。匯率的波動對 CPI 沒有顯著影響，但能夠對投資、消費和淨出口變動產生影響，從而傳導到實體經濟，影響經濟的增長。唐安寶、何凌雲（2007）認為匯率傳導機制的有效性主要表現在匯率變動作用於國際收支和實體經濟兩個方面，其中匯率變動對國際收支的作用具體反應在向進出口、外債規模和外匯儲備三個方向上的傳導效應上，對實體經濟的作用主要體現在對產出和物價的影響上。賀建清、胡林龍（2010）選取 2006 年 1 月至 2008 年 12 月的相關經濟數據，運用協整檢驗和格蘭杰因果檢驗對我國貨幣供應量對匯率的影響、匯率對產出的影響進行實證研究，發現貨幣供應量通過影響利率或通貨膨脹率的變化，從而對匯率波動造成影響，匯率的變化通過影響進出口商品的價格水平促進淨出口額的變化，認為貨幣政策的匯率傳導渠道在我國是有效的。趙先立（2013）使用 VAR 模型實證檢驗了名義匯率、中美兩國相對貿易部門和非貿易生產率差異、中美相對實際貨幣餘額、二元人口和產業結構這五類因素對人民幣實際匯率的影響，研究發現實際貨幣餘額對人民幣實際匯率波動的影響力度最大，其次才是名義匯率變動的影響，而我國產業結構的變動對人民幣實際匯率波動的解釋力度非常微弱。

6.4 人口老齡化對貨幣政策匯率傳導機制影響的作用機理

Braude（2000）認為老年人口比率上升將造成實際匯率的升值，在發達國家，老年負擔率增加 10% 將導致實際匯率升值 12%～15%，兒童負擔率對實際匯率的影響不明顯，在發展中國家，兒童負擔率增加 10% 將導致實際匯率升值 4%。Andersson 和 Österholm（2005，2006）研究發現人口年齡結構對匯率的影響效果顯著，並且符合生命週期理論的假設，勞動適齡人口對實際匯率具有貶值效應，人口老齡化對匯率帶來升值壓力。Rose Supaat 和 Braude（2009）對

1975—2005年87個國家的數據進行了實證研究，發現生育率的下降會帶來實際匯率貶值。

池光勝（2013）選取了全球187個國家的30年數據，研究了人口老齡化對實際有效匯率的影響，認為人口老齡化的上升會帶來實際有效匯率的升值，老齡化會減少儲蓄引起經常帳戶餘額下降，並會推高不可貿易品價格，使國內一般價格水平上升，人口老齡化對發展中國家實際有效匯率的影響要大於發達國家，對人口高密度國家實際有效匯率的影響要大於人口低密度國家。王仁言（2003）認為中國對外貿易出現持續順差的重要原因是人口贍養率下降、國民儲蓄增加及消費需求不振刺激了出口增長，就長期趨勢而言，人民幣匯率與對外貿易的相關性不明顯，而人口年齡結構引起的消費、儲蓄行為的變化對貿易差額具有更大的影響。楊長江、皇甫秉超（2010）建立了反應人口年齡結構對實際匯率影響機制的理論模型，認為人口年齡結構的變化不僅通過「需求結構效應」「經常帳戶效應」等傳統的需求面影響機制對實際匯率產生影響，而且還會通過「巴拉薩-薩繆爾森效應」「要素稟賦效應」等來自供給面的影響機制發揮作用。

根據生命週期假設理論，理性人將平滑一生的跨期消費，形成「駝峰儲蓄曲線」，老齡化將導致整個社會儲蓄和投資的變化，引起國際資本流動。Luhrmann（2002）認為人口老齡化程度更深的國家會出口資本到年齡更輕的國家。Obstfeld和Rogoff（1995）、Higgins（1998）、Kim和Lee（2008）等認為如果人口年齡結構趨向老年，儲蓄下降幅度將大於投資下降幅度，導致經常帳戶餘額下降，引起匯率變動。鄭基超、劉晴（2013）分析了人口結構變動與投資收益變動趨勢的相關性，認為人口結構變動將影響國際資本流動。朱超等（2013）選取了190個國家和地區1960年以來的數據，分析了人口年齡結構和國際資本流動的關係，認為經常帳戶餘額與人口撫養比呈逆向關係，全球國際資本流動總體上呈現出由老齡化國家流向未老年國家，從而引起流入和流出國家的匯率波動。

綜上所述，人口老齡化對貨幣政策匯率傳導機制的影響因素很多，不僅包括年齡結構的影響，還包含引起匯率傳導機制變化的各

個要素，譬如貨幣供應量、利率政策、國際貿易、儲蓄和消費、產業結構調整、國際資本流動等等，因此，從理論上分析，人口老齡化對貨幣政策傳導機制影響的過程，就是人口老齡化影響貨幣供應量，通過貨幣供應量的改變影響匯率波動，再通過匯率波動變化影響淨出口，進而影響到社會總產出。

6.5 人口老齡化對貨幣政策匯率傳導機制影響的實證分析

6.5.1 變量選擇

根據人口老齡化對我國貨幣政策匯率傳導機制影響的作用機理分析可以看出來，人口老齡化影響匯率傳導機制主要渠道為：人口老齡化→貨幣供應量→匯率政策→淨出口→經濟增長。因此，本文在研究人口老齡化對貨幣政策匯率傳導機制的影響時，選取的變量包括人口老齡化、貨幣供應量、淨出口、人民幣實際有效匯率和經濟增長。

在匯率指標的選擇上，選取人民幣實際有效匯率作為分析變量。有效匯率是以貿易比重為權數確定的加權平均匯率指數，是根據匯率的購買力平價理論而衍生出來的匯率測評指標，用於反應一國貨幣的匯率在國際貿易中的總體競爭力和波動幅度，通常分為實際有效匯率和名義有效匯率。一般來說，由於國際貿易的多邊性，一國的產品可能出口到不同的國家，因而會使用不同的貨幣匯率進行匯兌。當一國貨幣在對某種貨幣升值的同時，因各國經濟發展的差異性，可能對另一種貨幣貶值，即使該種貨幣對其他幾種貨幣同時出現升值（或貶值），其波幅完全可能不一致。因此，從20世紀70年代末起，為了避免在國際貿易中出現的匯率損失，國際上開始使用有效匯率這個指標來衡量某種貨幣的總體波動幅度，及其在國際金融和國際貿易中的地位和作用。實際有效匯率就是在名義有效匯率的基礎上，剔除了通貨膨脹因素對各國貨幣購買力的影響。而名義有效匯率則等於產生對外貿易各方貨幣名義匯率的加權平均數。由

此可以看出，實際有效匯率不僅包涵了所有雙邊名義匯率的相對變動情況，而且還剔除了通貨膨脹因素對貨幣本身價值的影響，因而最能夠綜合反應本國貨幣的對外價值和相對購買力。

淨出口又稱貿易差額、貿易餘額，是指一國在一定時期內（如一年、半年、一季、一月）出口總值與進口總值之間的差額。本研究選取月度淨出口作為變量。此外，人口老齡化的老年撫養比（ODR）、貨幣供應量M2、經濟增長GDP等指標在第四章已作介紹。

從數據來源來看，實際有效匯率數據來源於國際清算銀行網站的匯率報表，淨出口數據來源於中經專網宏觀經濟數據。所有數據均為2002年1月至2012年12月的月度數據。

6.5.2 數據處理與檢驗

在本節的計量檢驗中，重點分析實際有效匯率（EX）、貨幣供應量（LNM2）、老年撫養比（ODR）、淨出口（XM）和經濟增長（GDP）之間的關係。在模型構建之前，首先要檢驗各個變量的平穩性，檢驗結果如表6-1~表6-2所示。從檢驗結果可以看出，各個變量都是水平不平穩，但是一階差分是平穩的，因此可以建立VAR模型並進行協整分析。

貨幣供應量（LNM2）、老年撫養比（ODR）、經濟增長（GDP）的平穩性檢驗已在第四章進行。

表6-1　　　　　　　　EX的平穩性檢驗結果

Null Hypothesis：D（EX）has a unit root			
Exogenous：Constant			
Lag Length：0（Automatic based on SIC，MAXLAG=12）			
		t-Statistic	Prob. *
Augmented Dickey-Fuller test statistic		-7.453,01	0
Test critical values：	1% level	-3.484,65	
	5% level	-2.885,25	
	10% level	-2.579,49	

表 6-2　　　　　　　XM 的平穩性檢驗結果

Null Hypothesis：D（XM）has a unit root				
Exogenous：Constant, Linear Trend				
Lag Length：0（Automatic based on SIC，MAXLAG = 12）				
		t-Statistic	Prob. *	
Augmented Dickey-Fuller test statistic		-14.977,4	0	
Test critical values：	1% level	-4.035	
	5% level	-3.447,07	
	10% level	-3.148,58	

6.5.3　VAR 模型的建立和最優滯後期的選取

本書建立動態的 VAR 模型進一步檢驗，並採用極大似然法進行估計。基本模型表述如下：

$$EX_t = \alpha_0 + \sum_{i=1}^{n} \alpha_{1i} LNM2_{t-i} + \sum_{i=1}^{n} \alpha_{2i} ODR_{t-i} + \sum_{i=1}^{n} \alpha_{3i} GPD_{t-i} + \sum_{i=1}^{n} \alpha_{4i} XM_{t-i} + \xi_{1t}$$

$$LNM2_t = \beta_0 + \sum_{i=1}^{n} \beta_{1i} EX_{t-i} + \sum_{i=1}^{n} \beta_{2i} ODR_{t-i} + \sum_{i=1}^{n} \beta_{3i} GPD_{t-i} + \sum_{i=1}^{n} \beta_{4i} XM_{t-i} + \xi_{2t}$$

$$ODR_t = \theta_0 + \sum_{i=1}^{n} \theta_{1i} LNM2_{t-i} + \sum_{i=1}^{n} \theta_{2i} EX_{t-i} + \sum_{i=1}^{n} \theta_{3i} GPD_{t-i} + \sum_{i=1}^{n} \theta_{4i} XM_{t-i} + \xi_{3t}$$

$$GPD_t = \rho_0 + \sum_{i=1}^{n} \rho_{1i} LNM2_{t-i} + \sum_{i=1}^{n} \rho_{2i} ODR_{t-i} + \sum_{i=1}^{n} \rho_{3i} EX_{t-i} + \sum_{i=1}^{n} \rho_{4i} XM_{t-i} + \xi_{4t}$$

$$XM_t = \lambda_0 + \sum_{i=1}^{n} \lambda_{1i} LNM2_{t-i} + \sum_{i=1}^{n} \lambda_{2i} ODR_{t-i} + \sum_{i=1}^{n} \lambda_{3i} GPD_{t-i} + \sum_{i=1}^{n} \lambda_{4i} EX_{t-i} + \xi_{5t}$$

式中 i 為變量的滯后期數，可由 LR、FPE、AIC、SC、HQ 等信息準則進行判定。根據判定結果，本文選取的最優滯后期數為 i=2，此時的 LM 檢驗顯示殘差不存在自相關，J-B 檢驗表明滿足正態分佈要求，White 檢驗表明不存在異方差，見表 6-3。

表 6-3　　　　　　　　　　最優滯後期的選取

Lag	LogL	LR	FPE	AIC	SC	HQ
0	-1,834	NA	23,680,754	31.169,56	31.286,96	31.217,23
1	-764.83	2,029.619	0.488,09	13.471,69	14.176,1	13.757,7
2	-703.514	111.199,3	0.264,346*	12.856,17*	14.147,59*	13.380,53*
3	-684.074	33.608,79	0.292,123	12.950,4	14.828,83	13.713,1
4	-672.642	18.794,45	0.371,63	13.180,38	15.645,81	14.181,42
5	-644.524	43.844,60*	0.358,754	13.127,53	16.179,98	14.366,92

VAR 模型的檢驗結果如表 6-4 所示。從變量滯后項的顯著性來看，就被解釋變量 EX 而言，受其自身的滯后 1 期、2 期的影響非常明顯；而受其他變量的滯后項影響皆不明顯；就被解釋變量 LNM2 而言，受自身滯后 1 期、2 期影響較為明顯；受變量 XM 滯后 1 期的影響較為明顯；受 EX、ODR、GDP 的滯后項影響並不明顯。

由此可見：

（1）ODR 對 EX、XM 滯后 1 期、2 期的動態影響不顯著，對 M2 影響微弱，說明人口老齡化對匯率傳導機制的影響不顯著。但 ODR 對 GDP 影響顯著，說明人口老齡化能引起社會總產出的變化。

（2）LNM2 受變量 XM 滯后 1 期的影響較為明顯，說明貨幣供應量的變動對淨出口的影響較大。

（3）EX 對 LNM2、XM 和 GDP 滯后項影響並不明顯，說明實際有效匯率的變動對貨幣供應量、淨出口的影響較小，進而對經濟增長的影響較小，我國貨幣政策匯率傳導機制受阻。

表 6-4　　　　　　VAR 模型的計量檢驗結果

	EX	LNM2	ODR	XM	GDP
EX（-1）	1.282,267 [14.481,8]	-0.000,224 [-0.324,90]	0.000,754 [0.728,09]	464.576,8 [0.822,38]	-0.004,454 [-0.209,78]
EX（-2）	-0.341,529 [-3.826,94]	0.000,308 [0.442,89]	-0.000,632 [-0.606,12]	-139.773,3 [-0.245,48]	-0.005,715 [-0.267,09]
LNM2（-1）	10.370,47 [0.897,01]	0.841,78 [9.350,60]	-0.106,012 [-0.784,33]	-53,733.95 [-0.728,48]	-0.179,764 [-0.064,85]
LNM2（-2）	-9.154,904 [-0.786,02]	0.155,643 [1.716,13]	0.109,915 [0.807,20]	67,798.59 [0.912,37]	0.705,536 [0.252,64]
ODR（-1）	8.119,659 [1.136,89]	0.029,517 [0.530,75]	1.500,342 [17.968,6]	-54,865.11 [-1.204,05]	2.729,956 [1.594,19]
ODR（-2）	-9.014,582 [-1.238,88]	-0.030,106 [-0.531,34]	-0.499,351 [-5.869,93]	47,420.55 [1.021,46]	-3.179,449 [-1.822,38]
XM（-1）	2.83E-06 [0.187,24]	-1.46E-07 [-1.242,26]	2.35E-07 [1.328,97]	0.372,063 [3.852,44]	3.57E-06 [0.984,59]
XM（-2）	1.28E-05 [0.862,34]	4.30E-07 [3.705,36]	6.59E-09 [0.037,87]	0.068,074 [0.716,66]	-6.33E-06 [-1.772,16]
GDP（-1）	-0.119,1 [-0.370,51]	-0.002,453 [-0.979,82]	-0.002,447 [-0.651,02]	-547.368,7 [-0.266,89]	1.506,645 [19.547,9]
GDP（-2）	0.100,226 [0.308,64]	0.001,323 [0.523,17]	0.001,39 [0.366,04]	1,963.774 [0.947,82]	-0.569,109 [-7.309,10]
C	0.540,523 [0.084,42]	0.054,931 [1.101,78]	-0.054,5 [-0.728,08]	-137,305.8 [-3.361,21]	0.076,274 [0.049,68]

6.5.4　Johansen（約翰遜）協整分析

本節在構建各個變量 VAR 模型的基礎上，選取協整檢驗為滯后 1 期，進一步展開協整分析。在上述設定基礎上，進一步根據特徵根跡檢驗（trace）和最大特徵值檢驗（Maximum Eigenvalue）的結果（見表 6-5、表 6-6）在 5% 的顯著性水平下，各個變量之間存在一組協整關係。

通過 Johansen 協整分析可以看出，EX 與 LNM2、GDP 之間是顯著的長期負向協整關係，EX 與 XM 之間存在長期正向協整關係，EX 與 ODR 關係並不明顯（t 檢驗不顯著）。

表 6-5　　　　　　　　　跡檢驗結果

Unrestricted Cointegration Rank Test（Trace）				
Hypothesized		Trace	0.05	
No. of CE（s）	Eigenvalue	Statistic	Critical Value	Prob.
None *	0.254,054	74.951,18	69.818,89	0.018,4
At most 1	0.141,585	39.192,74	47.856,13	0.252,7
At most 2	0.098,105	20.567,3	29.797,07	0.385,2
At most 3	0.056,482	7.969,859	15.494,71	0.468,6
At most 4	0.007,161	0.876,755	3.841,466	0.349,1

表 6-6　　　　　　　　　最大特徵值結果

Unrestricted Cointegration Rank Test（Maximum Eigenvalue）				
Hypothesized		Max-Eigen	0.05	
No. of CE（s）	Eigenvalue	Statistic	Critical Value	Prob.
None *	0.254,054	35.758,44	33.876,87	0.029,5
At most 1	0.141,585	18.625,44	27.584,34	0.444
At most 2	0.098,105	12.597,44	21.131,62	0.489,9
At most 3	0.056,482	7.093,104	14.264,6	0.478,2
At most 4	0.007,161	0.876,755	3.841,466	0.349,1

$$EX = -35.168LNM2 + 17.536ODR - 4.352GPD + 0.002XM$$

t 值　　（1.667）　　　（1.125）　　　（6.696）　　（3.107）

6.5.5　Granger（格蘭杰）因果關係檢驗

在分析了變量的長期關係之後，本節進一步分析變量之間的 Granger 因果關係。本文分別檢驗這些變量滯后 1~12 期的格蘭杰因

果關係，從中選取與本研究有密切關係的檢驗結果並予以分析。

Granger 因果關係檢驗的結果如表 6-7 所示。由表 6-7 可見，XM 在滯后 1 期為 EX 的變動原因；EX 在滯后 1 期為 GDP、ODR 的變動原因；除此之外，各個變量之間的因果關係並不顯著。

表 6-7　　　　　格蘭杰因果關係檢驗結果

	EX 不是 LNM2 原因	LNM2 不是 EX 原因	EX 不是 ODR 原因	ODR 不是 EX 原因	EX 不是 XM 原因	XM 不是 EX 原因	EX 不是 GDP 原因	GDP 不是 EX 原因
1	0.073	0.207	0.011	0.516	0.529	0.032	0.040	0.062
2	0.104	0.202	0.260	0.240	0.535	0.092	0.152	0.541
3	0.253	0.394	0.375	0.436	0.256	0.088	0.064	0.570
4	0.378	0.342	0.510	0.509	0.356	0.185	0.118	0.852
5	0.118	0.194	0.614	0.461	0.249	0.608	0.087	0.975
6	0.111	0.287	0.529	0.624	0.344	0.635	0.150	0.990
7	0.116	0.375	0.555	0.732	0.482	0.813	0.172	0.927
8	0.189	0.357	0.571	0.801	0.628	0.638	0.240	0.525
9	0.073	0.463	0.607	0.872	0.473	0.460	0.306	0.529
10	0.097	0.234	0.717	0.841	0.392	0.290	0.333	0.437
11	0.032	0.320	0.757	0.843	0.228	0.467	0.227	0.484
12	0.049	0.378	0.812	0.868	0.035	0.613	0.254	0.589

6.5.6　小結

通過 2002—2012 年月度宏觀經濟數據對我國人口老齡化對貨幣政策匯率傳導機制進行實證分析，研究發現：

（1）人口老齡化對貨幣政策匯率傳導機制有一定的影響，但效果不顯著。人口老齡化能引起實際有效匯率的變化，其變化也不顯著，但能引起社會總產出的變化。

（2）中央銀行通過制定擴張或者緊縮性貨幣政策，通過貨幣供應量很難引起實際有效匯率的變化，短期來看實際有效匯率的變化對淨出口變化有影響，但長期對經濟發展的影響不明顯，這說明我國貨幣政策匯率傳導機制存在阻滯，傳導渠道不暢。

通過以上實證分析結果可以看出，在我國，人口老齡化對匯率傳導渠道的影響不顯著。雖然我國利率傳導機制有一定實效，但存在阻滯，主要原因在於我國匯率市場化形成機制問題。2005 年「匯改」以前，由於中央銀行和國家外匯管理局嚴格限制匯率的浮動幅度，實行強制結售匯制度，對外匯市場實施強制性干預，因此匯率制度彈性很小，人民幣長期處於低估狀態，匯率的價格槓桿功能缺失，微觀經濟主體的匯率風險意識淡薄，嚴重阻礙了匯率傳導機制的有效性。2005 年 7 月「匯改」后，人民幣開始緩慢單邊升值，加之我國長期「雙順差」，微觀經濟主體對人民幣升值預期更加強烈，國際資金通過各種渠道流入我國，進一步給國際收支平衡造成壓力。

7 人口老齡化對貨幣政策資產價格傳導機制的影響

7.1 貨幣政策資產價格傳導機制的理論分析

貨幣政策資產價格傳導機制是指中央銀行通過實施貨幣政策工具，影響和調節資產價格的變動，最終實現貨幣政策目標的傳導途徑與作用機理。資產價格是指資產轉換為貨幣的比例，也就是一個單位的資產可以轉換為多少貨幣的問題。廣義的資產價格一般包括股票價格、房地產價格、匯率、貴金屬價格和大宗商品交易價格等，狹義的資產價格主要是指股票價格和房地產價格。隨著各國資本市場的蓬勃發展，資產價格的波動越來越引起各國中央銀行的高度重視和重點關注，東南亞金融危機和美國次貸危機已經表明，資產價格的劇烈波動將對一國或地區的經濟發展造成嚴重影響。資產價格波動是指資產價格（特別是股票和不動產的價格）逐漸偏離由商品和勞務等實體經濟決定的內在價值而產生的波動幅度，如果發生向上偏離，就形成資產價格泡沫。資產價格泡沫一般是投機性投資短期內急遽增長導致流通中的貨幣非理性增加，造成金融風險積聚，可能觸發金融危機進而影響經濟增長。

7.1.1 貨幣政策資產價格傳導機制的主要理論

資產價格的劇烈波動對經濟發展造成的不利影響並引起貨幣管理當局的重視始於美國。1929 年 10 月 29 日美國道瓊斯指數下跌了

12%，股市崩盤，泡沫破裂，這是美國歷史上影響最大、範圍最廣、危害最深的經濟危機，由此蔓延開來，危機迅速波及西方國家乃至整個世界，此后，世界經濟陷入了長達10年的大蕭條。隨著20世紀30年代凱恩斯主義的興起，貨幣政策傳導機制理論的產生和發展，資本市場特別是股票市場的逐步完善，資產價格傳導貨幣政策逐漸成為金融學的重點研究領域，形成了一系列的重要理論，Mishkin（1995，2001）將貨幣政策的資產價格傳導機制總結為四個渠道理論：托賓的「Q」理論、莫迪利亞尼的財富效應理論、Mishkin的流動性效應和Bernanke的金融加速器效應理論。金融加速器效應就是貨幣政策信貸傳導渠機制的資產負債表渠道，已在第五章進行了論述。

7.1.1.1 托賓的「Q」理論

1969年托賓在論文《貨幣理論中的一般均衡分析》中提出了股價同投資互相關聯的理論。托賓認為，由於利率的變化，將影響股票價值或者引起Q值的增減變化，Q值就是企業的市場價值除以資本的重置成本。當Q>1時，表示企業的市場價值大於資本的重置成本，那麼企業自行製造新的硬件設施和生產設備所花費的全部成本將低於在市場上重新購置相同物資設備所耗費的成本價值，這樣，企業就會選擇新建廠房或者自行製造生產設備來進一步擴大生產和投資，最終帶來社會投資總額和消費總額的上升。當Q<1時，企業在相同條件下，統籌成本收益，更願意通過市場行為，採取收購社會現有的廠房或者生產設備的理性抉擇，而不是依靠自身的力量重新建造廠房以及製造新的生產設備。

因此，企業可以通過Q值的變化來決定採取何種方式進行生產和投資，貨幣政策就通過資產價格的變動直接作用於實體經濟。中央銀行通過調節貨幣供應量（M）引起市場利率（i）的變動，從而直接影響股票的價值，股票價格（Pe）的變動會導致Q值變動，Q值的變動將影響微觀經濟主體的生產投資（I）決策，從而對社會的總投資和總產出（Y）形成影響。

上述貨幣政策通過股票價格的傳導過程可以歸納如下：M↑→i↓→Pe↑→Q↑→I↑→Y↑。

7.1.1.2 莫迪利亞尼的「財富效應理論」

1971年莫迪利亞尼在《貨幣政策與消費》一文中指出，影響一個人當前消費支出的關鍵因素不在於當期收入而在於終生財富的多少，個人將根據終身財富的收入預期，跨期平滑當期消費。也就是說，當期的收入增加並不一定會帶來消費支出的增加，而在於當期收入的增加值相對於終身財富值的影響程度。如果個人購買的股票、房地產等資產價格發生變動，導致個人終身財富的總量發生變化時，那麼個人當期的消費支出或者跨期消費也就會發生相應的變化。以緊縮性貨幣政策為例，中央銀行通過貨幣政策的實施，市場上貨幣供應量的減少，導致市場利率上升，直接引起股票價值發生變化，價格下降，同時會間接影響房地產價格（H），造成個人終身財富值的降低，個人的消費預期下調，影響消費者的消費決策，當期消費或者跨期支出下降，從而最終影響到社會總產出（Y）。

因此，貨幣政策通過資產價格變化引致個人財富變化進而作用於實體經濟傳導過程可以歸納如下：M↓→i↑→Pe↓→H↓→C↓→Y↓。

7.1.1.3 流動性效應理論

1976年Mishkin在論文《流動性不足，耐用消費品支出和貨幣政策》中提出了流動性效應理論，他認為當中央銀行實施擴張性貨幣政策時，貨幣供應量增加，導致家庭財富增加，為了保持家庭資產的流動性，將刺激家庭對非貨幣金融資產（V）即有價證券的需求，進而將股票等金融資產作為財富形式持有，由於這類金融資產流動性強，交易成本低，家庭能在流動性不足時迅速按照市場價值變現。同時，由於資產價格上漲，影響家庭從銀行獲得消費信貸（D）的能力和預期，從而影響家庭依靠消費信貸進行消費的數量，加大家庭對耐用消費品（C_A）和房地產（H）等固定資產的支出，最終使社會總產出上升。

這樣，貨幣政策通過資產價格影響家庭的流動性進而作用於微觀經濟主體消費行為的傳導過程可以歸納如下：M↑→V↑→Pe↑→D↓→C_A↑→H↑→Y↑。

7.1.2 資產價格的貨幣政策傳導：美日經驗

隨著世界各國金融市場的成熟演進，資產價格逐漸成為中央銀行貨幣政策傳導的主渠道，對貨幣政策目標的實現和宏觀經濟的發展有著越來越重要的作用。

7.1.2.1 美國目前的貨幣政策資產價格傳導機制

美國在20世紀90年代以前，凱恩斯主義貨幣政策傳導理論占據主導地位，貨幣政策傳導也主要以利率傳導為主體，隨著Bernanke的信貸論、金融市場價格論和物價波動論的興起，美聯儲的貨幣政策傳導機制呈多元化趨勢，由於美國把穩定物價作為貨幣政策的首要目標，以通貨膨脹目標制為政策框架，因而資產價格傳導機制的作用日益凸顯。

（1）通過控制資金成本調節企業和個人的投資決策。這一渠道是美國貨幣政策通過資產價格傳導實施對經濟影響的主要渠道。美聯儲通過實施量化寬鬆政策，讓貨幣政策在貨幣市場和商品市場同時產生影響，使實際利率降低，借貸成本下降，導致資產價格和實物資本價格上升，企業的生產產量提高，社會商品物價上漲，從而吸收流通領域的貨幣供應量，促進經濟的增長。

（2）通過調控家庭財富的變化影響消費決策。這一渠道逐漸成為美聯儲貨幣政策的重要支撐，約占美國貨幣政策對經濟影響的30%[①]。美聯儲的量化寬鬆政策使貨幣供應量增加，貨幣市場和資本市場更加活躍，股票價格上漲，家庭持有股票等貨幣資產的數量增加，家庭財富不斷增多，消費預期上升，「財富效應」顯現，促使家庭消費增加。同時，由於股票價格上漲，企業「Q」值上升，更願意通過發行股票籌集資金用於投資新的工廠和設備，提高生產產量，提高社會總供給和總需求。這樣美聯儲通過貨幣政策的變化，改變家庭的資產結構和財富累積，影響企業的投資決策和個人的消費支出，從而影響經濟發展。

7.1.2.2 日本目前的貨幣政策資產價格傳導機制

在20世紀60~80年代，日本經濟飛速發展，經濟話語權與日俱

---

① 葉振勇. 論美國貨幣政策傳導機制的演進 [J]. 財經科學，2000（6）：32.

增。進入 90 年代后，日本經濟增長泡沫破裂，經濟陷入了「失去的十年」。為挽救經濟形勢的惡化和經濟增長的頹廢，日本中央銀行持續實施擴張性財政政策，採取零利息率措施，加大對公開市場業務的操作，實施基礎貨幣的持續增長。由於實施零利率，日本居民儲蓄率下降，家庭為保持資產的保值增值，購買股票、債券和商品，導致資產價格上漲，刺激日本經濟回暖。近幾年來，日本中央銀行一直強調不會改變寬鬆的貨幣政策，並對日本經濟復甦前景看好。當前日本採取的貨幣政策對日本經濟復甦起到了一定的作用，但效果不是很明顯，其根本原因在於泡沫經濟的崩潰帶來的嚴重後遺症，而不是貨幣政策傳導機制出現了問題。

7.2 我國資產價格傳導機制的影響因素分析

在我國現在的金融結構和金融體系下，商業銀行和貨幣市場在貨幣政策傳導路徑中仍然處於核心地位，隨著我國金融體制改革的不斷深化，直接融資比例的逐步提高和資本市場的不斷發展與完善，資本市場在貨幣政策傳導中的作用日益凸顯，資產價格作為貨幣政策傳導機制的功能將愈發突出，中央銀行在實施貨幣政策時，通過在公開市場的業務操作，進一步打通資產價格傳導到實體經濟的渠道梗阻，實現貨幣政策目標。

當前，影響我國資產價格傳導機制的主要因素有：資本市場的規模偏小，貨幣市場與資本市場的一體化程度較低，金融結構不合理以及居民的財富效應和流動性效應微弱。

7.2.1 資本市場的規模問題

我國資本市場的建立和發展，改變了傳統的計劃融資和行政融資模式，市場機制在資源配置中發揮著越來越重要的作用，大大促進了我國經濟的發展，包括結構調整升級。根據中國上市公司市值管理研究中心發布的《2013 年中國 A 股市值年度報告》可知，截至 2013 年 12 月 31 日，滬深股市 A 股總市值為 23.76 萬億，占 2013 年

我國 GDP 的 41.77%，因而我國證券市場已初具規模，為中國經濟的快速發展注入了大規模的資金和活力，成了中國經濟持續、快速、健康發展的一個強有力的支撐條件。然而，與發達市場經濟國家相比，我國資本市場尚不完善，發展中的深層次問題和矛盾也逐步暴露出來，嚴重阻礙了資本市場的進一步發展。2013 年我國社會融資規模為 17.29 萬億元，其中人民幣貸款增加 8.89 萬億元，占同期社會融資規模的 51.4%，非金融企業境內股票融資 2,219 億元，占同期社會融資規模的 1.28%[①]，這充分說明我國證券市場的融資規模與社會融資的總需求相比還差得遠。在發達國家和地區，股票市值一般都超過了同期 GDP，發展中國家一般達到 60%～70%，2014 年 2 月美國股票市值與 GDP 之間的比例達到 125.2%，日本更高，達到了 160%[②]，而我國 41.77% 的占比，顯示出我國證券市場的規模與經濟發展是不協調的。

7.2.2 貨幣市場與資本市場的一體化程度

貨幣市場和資本市場是我國金融市場的兩大組成部分，貨幣政策傳導機制在貨幣市場與資本市場並存的情況下，其傳導效果不僅取決於貨幣政策的傳導效率，而且還受制於兩個市場之間的聯繫緊密程度。只有在金融市場機制完善，貨幣市場和資本市場一體化程度較高時，資金價格才能引導資金在兩個市場間自由流動，才能達到調節資金供求的目的，才能最大限度地縮短貨幣政策時滯，提高貨幣政策傳導的有效性。

李揚、何德旭（1999）認為貨幣市場和資本市場密切相連，兩個市場之間相互競爭、相互滲透、相互轉化、相互影響，有著日益融為一體的趨勢。但由於我國金融市場歷史發展因素的影響和體制機制的制約，貨幣市場與資本市場存在相互割裂的態勢。其主要表現在：一是兩個市場的資金價格缺乏內在聯繫，資本市場側重「資

[①] 中國人民銀行，2013 年社會融資規模統計表，http://www.pbc.gov.cn/publish/diaochatongjisi/4179/index.html。

[②] 美國股市膨脹堪憂 市值占 GDP 比重達 125.2%，環球網，2014-02-24，http://finance.huanqiu.com/view/2014-02/4855796.html。

本性」，貨幣市場側重「流動性」，資本市場上各種工具的定價與價格水平沒有形成一個基準利率，因而難以形成合理的定價機制，貨幣市場的基準利率由於資本市場供需矛盾突出使其關聯度不高，因此兩個市場資金價格結構失衡，密切度不強。二是各種金融工具之間的比例關係不合理，股票、債券、票據、外匯等金融工具結構性矛盾突出，資本市場的投資者不能通過貨幣市場進行流動性管理，突出表現在股票價格的波動不能反應貨幣供應量，對中央銀行的貨幣政策預期效果不強，導致資產價格扭曲，抑制貨幣政策效果。

在貨幣市場與資本市場日漸融合的全球化趨勢下，我國兩個市場呈現割裂狀態，其原因主要變現在：一是我國的金融監管體系，1989年我國提出了金融業分業經營分業監管的基本原則，2003年銀監會的成立標誌著我國「一行三會」分業監管體制的確立，一些分業經營的法規和分業監管的制度將貨幣市場與資本市場人為地進行了割裂。如我國《貸款通則》規定，不得用貸款從事股本權益性投資，不得用貸款在有價證券、期貨等方面從事投機經營等。二是我國實行的利率管制，資金價格的管制是金融工具價格扭曲的主要原因，由於利率管制，利率不能真實反應資金的供求關係，導致市場利率水平高於國家法定利率水平，體現在同業拆借利率和債券市場發行利率較高，2013年銀行間人民幣市場同業拆借月加權平均利率4.16%，質押式債券回購月加權平均利率4.28%，遠遠高於人民幣活期利率0.35%，以及一年期定期存款利率3.00%，不符合資金市場運行規律，影響了市場機制在資源配置中決定性作用的發揮。三是證交所債券市場和銀行間債券市場兩大債券交易市場體系的內部割裂。兩大債券市場參與的主體不同以及兩交易系統依託的交易網路不同、採用的報價方式不同、債券開戶託管和結算方式不同，人為造成市場分割。黃金老（2003）認為，由於目前央行的公開市場業務操作依託的是銀行間債券市場，兩大債券市場人為壁壘，致使中央銀行貨幣政策傳導路徑相對單一，縱向渠道延長，導致貨幣政策傳導效應的衰減率上升，貨幣政策的時滯增大。

7.2.3 金融結構的影響

我國金融體系運行效率低下的原因主要是結構性不合理，甚至

扭曲，主要表現在以下方面：

7.2.3.1 資本市場的結構不合理

（1）資本市場內部種類結構失衡，股票市場和債券市場發展不均衡。股票市場內部，發行市場准入門檻太高，發行規則不合理；流通市場關聯交易突出，場內場外兩個市場重視程度不一；流通股與非流通股比例嚴重失衡。債券市場結構單一，國債市場一家獨大，政策性金融債券比例過高，地方政府和企業債券以及短期債券遇冷。

（2）貨幣市場工具與資本市場工具結構不合理。資本市場工具相對豐富，貨幣市場工具相對短缺。企業直接發行票據渠道不暢，商業票據和短期債券發行規模小，企業直接融資困難，滿足不了日常短期的流動性需求。

（3）我國股權市場在結構上已經發展得比較完善，有主板、中小板、創業板和三板市場，而國際板市場、衍生品市場、基金市場、國債期貨市場等未發展或者發展不足。曹鳳岐（2013）認為我國資本市場結構的不合理導致企業融資渠道單一，不能形成融資的多元化，不利於經濟的發展。

7.2.3.2 企業融資結構不合理

直接融資與間接融資結構不合理，內部融資與外部融資結構失調，股權融資與債券融資結構比例不當。我國2012年全社會融資規模15.76萬億元，企業債券淨融資2.25萬億元，占社會融資總規模的14.3%，未貼現的銀行承兌匯票增加1.05萬億元，占社會融資總規模的6.7%，而非金融企業境內股票融資2,508億元，占同期社會融資規模的1.6%[①]；從國際對比來看，2012年，美國直接融資占總融資額的89.7%，日本是40%多，歐元區76.7%[②]，而我國直接融資占比僅為15.9%。從以上數據可以看出，直接融資遠遠低於間接融資，銀行信貸成為社會融資規模的主渠道；股權融資遠遠低於債券

---

① 中國人民銀行，2012年社會融資規模統計數據報告，http://www.pbc.gov.cn/publish/goutongjiaoliu/524/2013/20130109165102866350983/20130109165102866350983_.html。

② 金融資產結構不合理催生證券業巨大發展空間，金融時報，2013年4月15日，http://www.financialnews.com.cn/jj/gd_122/201304/t20130415_30707.html。

融資，股票市場和債券市場畸形發展；外部融資遠遠高於內部融資，直接加重企業的融資成本。

7.2.4 居民的財富效應和流動性效應

根據生命週期假說理論，個人在生命週期內將跨期平滑消費，在工作期內將進行儲蓄和投資以備退休之需，由於我國歷史和文化原因以及社會保障、教育投資等的特殊性，出現了非常高的儲蓄率，因此即使在財富增加的情況下用於消費支出的仍然很少，更為嚴重的是，我國出現嚴重的社會財富兩極分化，強者恒強，弱者更弱，居民貧富懸殊差距拉大。國家統計局公布了2013年我國居民收入基尼系數為0.473，已超過了國際上公認的0.4的貧富差距警戒線，由於社會財富主要集中在高收入家庭，通過財富效應刺激消費需求的邊際效應呈遞減趨勢。同時，儘管我國經濟一直保持增長，但居民通過股市獲得的收益卻在下降，據2013年底重慶商報調查顯示，2013年度超過一半的股民處於虧損狀態，其中虧損20%左右的股民比例約為30%，約40%的股民處於略微盈利或保本狀態，盈利30%以上的股民不到10%，而大賺50%以上的為極少數。這樣，我國股市的財富增值主要集中在少數人和機構手中，增加的財富不能轉化為消費，資本市場的財富效應和流動性效應對消費的刺激不明顯。

7.3 國內外資產價格傳導機制的影響分析：相關文獻

在成熟的證券市場，貨幣政策通過資產價格傳導，調節證券市場的資源配置，影響企業和社會公眾的投資與消費決策，進而影響實體經濟的發展，因此對資產價格傳導機制的研究，成為貨幣政策研究方興未艾的熱點。

Smets（1997）認為中央銀行貨幣政策的實施能夠通過資產價格影響實體經濟的運行，資產價格的變化就應該得到中央銀行的關注，並適時作出反應。Borio和Lower（2002）認為貨幣政策不應該盯住

通貨膨脹，否則將導致金融結構失衡。Sprinkel（1964）最早研究貨幣供應量與股市的關係，通過美國1918—1963年的數據，研究了貨幣供應量對股市的影響，發現貨幣供應量的峰值與股價變化相差15個月，在谷底時領先牛市2個月。Campbell和Kyle（1988）認為貨幣供應量的變化將導致利率的變化，並通過股票分紅預期、折扣率估計及風險估價等因素影響股價波動。資產價格傳導路徑方面，Chen（2001）認為在貨幣政策傳導中商業銀行對資產價格的變動起到重要作用，銀行貸款額度不僅受個人財富或企業資產負債表的約束，還要受商業銀行自有資本的限制，在信息不對稱條件下，商業銀行貸款額是銀行總資產和借款人財富的函數，中央銀行貨幣政策的實施通過商業銀行擴大到資產價格。K. Case等（2001）利用美國等14個國家1975—1996年的數據對消費、股票財富、住宅財富等進行分析，發現股票市場的財富效應較弱，而住宅市場的財富效應是股票財富效應的兩倍。

在貨幣政策是否需要考慮資產價格方面，Greenspan在2000年美國貨幣政策報告中認為中央銀行不能有效預測和判斷資產泡沫，資產價格不應被納入貨幣政策目標。而Bernanke和Gertler（1999，2001）認為貨幣政策應當關注資產價格變動，在通貨膨脹目標制框架下，貨幣政策對資產價格關注的程度，僅限於應對資產價格對通貨膨脹預期的影響；Alchian和Klein（1973）、Goodhart（2002）認為應將包括資產價格在內的廣義價格指數作為貨幣政策的目標。2010年3月Greenspan在華盛頓布魯金斯學會發表題為「The Crisis」的論文反思金融危機，認為貨幣政策制定應考慮資產價格。

在國內研究方面，我國專家學者主要針對資產價格傳導的有效性、中央銀行在實施貨幣政策時是否要關注資產價格等進行討論。何國華、黃明皓（2009），馬輝（2009），高山（2011）等認為貨幣供應量的變動很難引起資產價格的變動，貨幣政策資產價格傳導渠道有效性很低。姚婉婷（2013）認為儘管貨幣政策的操作降低了對資產價格傳導的有效性，但資產價格可以通過財富效應、托賓Q效應以及資產負債表效應等渠道對實體經濟產生影響，其在貨幣政策傳導過程中發揮的作用越來越重要。中國人民銀行研究局（2002）

認為，中國股票市場已成為貨幣政策傳導的一個組成部分。易綱、王召（2002）認為，貨幣政策對資產價格特別是股票價格有影響。張敏、王萍（2011）認為，如果以資產價格為貨幣目標，不管是匯率、房地產價格還是股票市場價格，很可能會損害貨幣政策效果，損害中央銀行的獨立性。黃文華等（2010）通過實證分析發現，我國的資產價格（房價和股價）對消費的影響很小，而在投資方面，房價對投資的影響遠大於股價對投資的影響，表明資產價格通過投資對實體經濟產生了一定程度的影響。貨幣政策對房價的影響，以及貨幣政策通過房價傳導到消費、投資和通貨膨脹等宏觀經濟變量的效應都要明顯大於股價。傅瑋鏵（2013）認為我國股票市場和房地產市場只存在非常微弱的反向自調機制，股票價格和房地產價格的波動對實體經濟的影響總體上都較小，但是從長期來看，股票價格波動對實體經濟的影響大於房地產價格波動。

　　林毅夫（2008）指出，貨幣政策不應該只針對 CPI，而是應該要包括股市和房地產市場的資產價格。盛松成（2010）表示，隨著我國股票市場和房地產市場的發展，房地產和股票已成為我國居民個人財產的重要組成部分，資產價格變化影響居民消費、投資的財富效應越來越明顯，資產價格理應成為我國貨幣政策決策需要考慮的重要變量。蘇寧（2009）指出，中央銀行要重視資產價格變化，建立起新的流動性補充機制，防範和化解新的金融危機。

7.4　人口老齡化對貨幣政策資產價格傳導機制影響的作用機理

　　1531 年，世界上最早的證券交易所在荷蘭安特衛普成立後，資本市場便在艱難與曲折中不斷地發展與完善，並逐漸成為成熟市場經濟體的顯著特徵。隨著歐美等主要發達國家進入老齡化社會，老齡化對資本市場的影響得到專家學者的普遍關注。因此，在人口老齡化對貨幣政策傳導機制影響的研究中，以人口老齡化對資產價格影響的研究最為充分。

Poterba（2001）實證研究了資本價格和人口年齡結構的關係，構建了一個關係模型：pK＝NyS（p 為單位資本的價格，K 為資本的供給，Ny 表示年輕人群的數量，S 為儲蓄率），認為當處於生育高峰出生的人口進入工作時期，將導致資產價格的上漲；當該段年齡人口進入退休時期，資產價格就會進入下跌趨勢。Abel（2001）在 Poterba 模型的基礎上構建了一個包括可變的資本供應和遺產動機變量的二代交疊模型，研究發現當處於生育高峰出生的人口進入退休階段，遺產動機不是資產價格下降的主要原因，即使引入資本供給變量也不能阻止資本價格的下跌趨勢。Brooks（2002）發現，老年人更願意持有風險較低的債券而不是收益可能更高的股票，退休人群無再生產能力，跨期消費的特徵使其更傾向於持有無風險資產。Geanakoplos、Magill 和 Quinzii（2002）研究美國股市與人口生育高峰的時間關係，發現美國股票市場經歷的三個牛熊交替時期與人口生育的高峰低谷時段大致重合。但 Poterba（2001，2004）卻不這樣認為，他實證研究了美國人口老齡化和美國股票、債券和國庫券之間的數量關係，發現處於生育高峰出生的人口進入退休年齡後，並不會跨期消費所有的個人財富，也不會將所持有的高風險的證券資產全部變現或者轉為無風險資產，因此資產的價格不會因該段年齡人口退休而顯著下降。

在國內研究中，主要集中在人口老齡化與資產價格波動之間的關聯度和影響方面。沈繼倫（2013）認為，人口老齡化與股票價格及其收益率之間存在弱的負相關關係。趙建（2012）闡釋了人口結構與資產價格關係的作用機理，在 OLG 框架下結合價格調整模型，構建了一個非均衡的資產價格模型，並進行了數值模擬，結果表明人口年齡結構與資產供給結構有直接的線性關係，人口老齡化會帶來資產供需的嚴重失衡，與老齡人口相對應的是資產供給的增加，與年輕人口相對應的是資產需求的增加，老齡人口的增加將導致資產的需求小於資產的供給，實際資產價格將步入下降通道。杜本峰（2007）認為，整個社會的老齡化，將使對有價證券的投資比例大幅度降低，最終會導致資本市場的資金外流甚至短缺。金劍峰等（2013）認為，人口老齡化不僅使得社會財富向老齡人口流動，侵占

了更多的社會資源，而且日益加重的撫養負擔擠占了家庭可支配的收入，使得住房購買力整體下降。張昭、陳兀梧（2009）認為，人口老齡化將降低全社會購房支出的比例，老年養護支出對商品住宅需求將產生「擠出效應」。

綜上所述，從理論上分析，人口老齡化將會導致金融資產需求結構的變化，人口老齡化通過貨幣政策的傳導機制，將引起股票、房地產等資產價格下降，資產價格下降后通過托賓「Q」理論、資產負債表、財富效應和流動性效應等渠道影響企業和社會公眾的投資消費預期，從而影響社會總產出和總需求。

7.5 人口老齡化對貨幣政策資產價格傳導機制影響的實證分析

7.5.1 變量選擇

根據人口老齡化對我國貨幣政策資產價格傳導機制影響的作用機理分析可以看出，人口老齡化影響資產價格傳導機制的主要渠道為：人口老齡化→貨幣供應量→資產價格→投資與消費→社會總產出。因此，在分析人口老齡化對貨幣政策資產價格傳導機制的影響時，需要選取的變量應該包括人口老齡化、貨幣供應量、資產價格、消費和經濟增長。

在資產價格指標的選擇上，選取狹義資產價格即股票價格和房地產價格指標。我國證券市場是資本市場的主體，因此選擇股票價格來反應資本市場的資產價格。反應股票的價格指標很多，同時我國有滬深兩個交易市場，選擇單獨的股票指數如上證綜指或深圳成指來衡量股票價格的波動，會因兩地指數漲跌的高度關聯性容易造成模型分析中的多重共線問題，影響模型構建，且不易從總體上進行把握，因此選擇滬深股市股票市價總值這個指標作為股票價格波動的變量。

我國自住房分配貨幣化改革以來，房地產市場蓬勃發展，已成為各級政府和社會公眾關注的焦點。反應房地產價格的指數有投資類、消費類等指標體系，本文選取房屋銷售價格指數（HP）作為房

地產價格指數的變量。房屋銷售價格指數是反應一定時期房屋銷售價格變動程度和變化趨勢的相對數，包括商品房、公有房屋和私有房屋等各大類房屋銷售價格的變動情況。房屋銷售價格指數與其他類指標相比，具有同質性和可比性優點，指標的內涵排除了房屋質量、建築結構、地理位置、銷售結構等個性因素的影響。

反應人口老齡化、貨幣供應量、消費、投資和經濟增長的指標前面章節已作介紹。

從數據來源來看，滬深股市股票市價總值（V）的數據來源於中國人民銀行網站，房屋銷售價格指數（HP）的數據來源於國家統計局網站。所有數據均為2002年1月至2012年12月的月度數據。

7.5.2 數據處理與檢驗

在本節的計量檢驗中，重點分析滬深股市股票市價總值（V）、房屋銷售價格指數（HP）、貨幣供應量（LNM2）、老年撫養比（ODR）、居民消費價格指數（CPI）和經濟增長（GDP）之間的關係。在模型構建之前，首先要檢驗各個變量的平穩性，檢驗結果如表7-1、表7-2所示（貨幣供應量、老年撫養比、經濟增長的平穩性檢驗已在第四章進行，居民消費價格指數的平穩性檢驗已在第五章進行）。從表7-1、表7-2的檢驗結果可以看出，各個變量都是水平不平穩，但是一階差分是平穩的，因此可以建立VAR模型並進行協整分析。

表7-1　　　　　　V的平穩性檢驗結果

Null Hypothesis：D（V）has a unit root			
Exogenous：Constant			
Lag Length：5（Automatic based on SIC，MAXLAG=12）			
		t-Statistic	Prob. *
Augmented Dickey-Fuller test statistic		-4.037,29	0.001,8
Test critical values：	1% level	-3.487,05	
	5% level	-2.886,29	
	10% level	-2.580,05	

表 7-2   HP 的平穩性檢驗結果

Null Hypothesis：D（HP）has a unit root			
Exogenous：Constant			
Lag Length：0（Automatic based on SIC，MAXLAG = 12）			
		t-Statistic	Prob. *
Augmented Dickey-Fuller test statistic		-3.351,8	0.014,7
Test critical values：	1% level	-3.484,65	
	5% level	-2.885,25	
	10% level	-2.579,49	

7.5.3 VAR 模型的建立和最優滯后期的選取

本文建立動態的 VAR 模型作進一步檢驗，並採用極大似然法進行估計。基本模型表述如下：

$$V_t = \alpha_0 + \sum_{i=1}^{n} \alpha_{1i} LNM2_{t-i} + \sum_{i=1}^{n} \alpha_{2i} ODR_{t-i} + \sum_{i=1}^{n} \alpha_{3i} GPD_{t-i} + \sum_{i=1}^{n} \alpha_{4i} CPI_{t-i} + \xi_{1t}$$

$$LNM2_t = \beta_0 + \sum_{i=1}^{n} \beta_{1i} V_{t-i} + \sum_{i=1}^{n} \beta_{2i} ODR_{t-i} + \sum_{i=1}^{n} \beta_{3i} GPD_{t-i} + \sum_{i=1}^{n} \beta_{4i} CPI_{t-i} + \xi_{2t}$$

$$ODR_t = \theta_0 + \sum_{i=1}^{n} \theta_{1i} LNM2_{t-i} + \sum_{i=1}^{n} \theta_{2i} V_{t-i} + \sum_{i=1}^{n} \theta_{3i} GPD_{t-i} + \sum_{i=1}^{n} \theta_{4i} CPI_{t-i} + \xi_{3t}$$

$$GPD_t = \rho_0 + \sum_{i=1}^{n} \rho_{1i} LNM2_{t-i} + \sum_{i=1}^{n} \rho_{2i} ODR_{t-i} + \sum_{i=1}^{n} \rho_{3i} V\rho_{t-i} + \sum_{i=1}^{n} \rho_{4i} CPI_{t-i} + \xi_{4t}$$

$$CPI_t = \lambda_0 + \sum_{i=1}^{n} \lambda_{1i} LNM2_{t-i} + \sum_{i=1}^{n} \lambda_{2i} ODR_{t-i} + \sum_{i=1}^{n} \lambda_{3i} GPD_{t-i} + \sum_{i=1}^{n} \lambda_{4i} V_{t-i} + \xi_{5t}$$

以上是以滬深股市股票市價總值作為衡量我國資產價格的指標，

下面再建立以房屋銷售價格指數為指標的模型方程：

$$HP_t = \alpha_0 + \sum_{i=1}^{n}\alpha_{1i}LNM2_{t-i} + \sum_{i=1}^{n}\alpha_{2i}ODR_{t-i} + \sum_{i=1}^{n}\alpha_{3i}GPD_{t-i} + \sum_{i=1}^{n}\alpha_{4i}CPI_{t-i} + \xi_{1t}$$

$$LNM2_t = \beta_0 + \sum_{i=1}^{n}\beta_{1i}HP_{t-i} + \sum_{i=1}^{n}\beta_{2i}ODR_{t-i} + \sum_{i=1}^{n}\beta_{3i}GPD_{t-i} + \sum_{i=1}^{n}\beta_{4i}CPI_{t-i} + \xi_{2t}$$

$$ODR_t = \theta_0 + \sum_{i=1}^{n}\theta_{1i}LNM2_{t-i} + \sum_{i=1}^{n}\theta_{2i}HP_{t-i} + \sum_{i=1}^{n}\theta_{3i}GPD_{t-i} + \sum_{i=1}^{n}\theta_{4i}CPI_{t-i} + \xi_{3t}$$

$$GPD_t = \rho_0 + \sum_{i=1}^{n}\rho_{1i}LNM2_{t-i} + \sum_{i=1}^{n}\rho_{2i}ODR_{t-i} + \sum_{i=1}^{n}\rho_{3i}HP_{t-i} + \sum_{i=1}^{n}\rho_{4i}CPI_{t-i} + \xi_{4t}$$

$$CPI_t = \lambda_0 + \sum_{i=1}^{n}\lambda_{1i}LNM2_{t-i} + \sum_{i=1}^{n}\lambda_{2i}ODR_{t-i} + \sum_{i=1}^{n}\lambda_{3i}GPD_{t-i} + \sum_{i=1}^{n}\lambda_{4i}HP_{t-i} + \xi_{5t}$$

式中 i 為變量的滯后期數，可由 LR、FPE、AIC、SC、HQ（見表 7-3）等信息準則進行判定。根據判定結果，本文首先對以股票市價總值為資產價格代理變量的基本方程組進行分析，此時選取的最優滯后期數為 i = 2，此時的 LM 檢驗顯示殘差不存在自相關，White 檢驗表明不存在異方差，J-B 檢驗表明滿足正態分佈要求。

表 7-3　　　　　　　最優滯後期的選取

Lag	LogL	LR	FPE	AIC	SC	HQ
0	-1,882.577	NA	93,647.851	32.544,44	32.663,12	32.592,62
1	-743.451,7	2,160.411	0.425,9	13.335,37	14.047,51 *	13.624,46
2	-688.420,1	99.626,17 *	0.254,376 *	12.817,59 *	14.123,17	13.347,58 *
3	-671.458,7	29.243,74	0.293,948	12.956,18	14.855,21	13.727,08
4	-660.412,8	18.092,48	0.378,16	13.196,77	15.689,25	14.208,57
5	-642.347,9	28.031,71	0.434,163	13.316,34	16.402,26	14.569,05

VAR 模型的檢驗結果如表 7-4 所示。從變量滯后項的顯著性來看，就被解釋變量 V 而言，受其自身的滯后 1 期的影響較為明顯；受 LNM2 的滯后 1 期影響較為明顯；受 ODR、GDP、CPI 滯后項的影響不明顯；就被解釋變量 LNM2 而言，受其自身項和 CPI 滯后 1 期、2 期影響都較明顯；受 V、GDP、ODR 的滯后項影響並不明顯。

由此可見：

（1）ODR 對 V 的影響很小，說明人口老齡化對滬深股市資產價格的影響微弱。

（2）LNM2 對 V 滯后 2 期有影響，對 GDP、CPI 滯后項的影響不明顯，說明貨幣供應量的增減對滬深股市資產價格影響顯著，但對消費和經濟增長影響不明顯。

（3）V 對 LNM2 的滯后 1 期影響較為明顯，受 GDP、CPI 滯后項的影響不明顯，說明我國我國股票市場價格傳導機制受阻。

表 7-4   VAR 模型的計量結果

	V	LNM2	ODR	CPI	GDP
V（-1）	0.903,919	9.77E-08	6.54E-08	-2.67E-06	1.25E-06
	[9.634,39]	[1.607,14]	[0.715,17]	[-0.688,61]	[0.670,14]
V（-2）	0.063,263	-8.15E-08	-3.64E-08	7.58E-06	-2.01E-06
	[0.654,10]	[-1.299,53]	[-0.386,41]	[1.896,16]	[-1.048,54]
LNM2（-1）	238,331.2	0.832,266	-0.110,789	-4.278,639	-0.854,125
	[1.676,24]	[9.032,37]	[-0.799,82]	[-0.728,20]	[-0.302,99]
LNM2（-2）	-226,555.5	0.168,848	0.121,511	3.473,923	1.302,499
	[-1.585,00]	[1.822,79]	[0.872,59]	[0.588,12]	[0.459,60]
ODR（-1）	-23,431.42	0.070,088	1.500,674	-5.564,3	1.971,486
	[-0.276,82]	[1.277,69]	[18.198,0]	[-1.590,73]	[1.174,74]
ODR（-2）	23,086.31	-0.072,132	-0.506,295	5.932,185	-2.301,305
	[0.269,43]	[-1.298,98]	[-6.065,06]	[1.675,31]	[-1.354,62]
CPI（-1）	769.358,8	-0.004,386	0.000,554	0.920,933	0.083,458
	[0.347,69]	[-3.058,36]	[0.257,01]	[10.071,3]	[1.902,34]
CPI（-2）	-3,074.611	0.003,356	-0.000,824	-0.072,12	-0.086,987
	[-1.477,39]	[2.488,58]	[-0.406,21]	[-0.838,60]	[-2.108,20]
GDP（-1）	801.887	-0.003,919	-0.004,905	0.417,021	1.480,373
	[0.202,52]	[-1.527,40]	[-1.271,61]	[2.548,65]	[18.857,6]

表4-7(續)

	V	LNM2	ODR	CPI	GDP
GDP（-2）	1,892.627	0.003,854	0.003,887	-0.274,52	-0.525,159
	[0.462,65]	[1.453,74]	[0.975,40]	[-1.623,86]	[-6.474,82]
C	64,145.73	0.128,07	-0.027,873	19.722,41	-1.116,062
	[0.538,26]	[1.658,28]	[-0.240,07]	[4.004,77]	[-0.472,35]

7.5.4　Johansen（約翰遜）協整分析

根據特徵根跡檢驗（trace）（見表7-5）和最大特徵值檢驗（Maximum Eigenvalue）（見表7-6）的結果在5%的顯著性水平下，各個變量之間並不存在協整關係。

表7-5　　　　　跡檢驗結果

Unrestricted Cointegration Rank Test（Trace）				
Hypothesized		Trace	0.05	
No. of CE（s）	Eigenvalue	Statistic	Critical Value	Prob.
None	0.228,556	66.517,99	69.818,89	0.089,1
None	0.131,307	34.860,05	47.856,13	0.455,4
At most 1	0.082,067	17.686,59	29.797,07	0.589,3
At most 2	0.056,713	7.239,585	15.494,71	0.55
At most 3	0.000,955	0.116,614	3.841,466	0.732,7
At most 4	0.228,556	66.517,99	69.818,89	0.089,1

表7-6　　　　　最大特徵檢驗結果

Unrestricted Cointegration Rank Test（Maximum Eigenvalue）				
Hypothesized		Max-Eigen	0.05	
No. of CE（s）	Eigenvalue	Statistic	Critical Value	Prob.
None	0.228,556	31.657,94	33.876,87	0.089,9
At most 1	0.131,307	17.173,46	27.584,34	0.565,1
At most 2	0.082,067	10.447,01	21.131,62	0.701,9
At most 3	0.056,713	7.122,971	14.264,6	0.474,7
At most 4	0.000,955	0.116,614	3.841,466	0.732,7
None	0.228,556	31.657,94	33.876,87	0.089,9

接下來，再分析以房屋銷售價格指數為資產價格的情況，根據

判定結果，此時選取的最優滯后期數也為 i=2（見表 7-7），此時的 LM 檢驗顯示殘差不存在自相關，J-B 檢驗表明滿足正態分佈要求，White 檢驗表明不存在異方差。

表 7-7　　　　　　　　　最優滯後期的選取

Lag	LogL	LR	FPE	AIC	SC	HQ
0	-1,152.418	NA	319.292,5	19.955,49	20.074,18	20.003,67
1	31.254,55	2,244.897	6.74E-07	-0.021,63	0.690,505	0.267,456
2	156.589,1	226.898,7*	1.20e-07*	-1.751,536*	-0.445,954*	-1.221,544*
3	171.836,5	26.288,57	1.42E-07	-1.583,387	0.315,641	-0.812,49
4	184.699,7	21.069,14	1.78E-07	-1.374,133	1.118,341	-0.362,33
5	203.777,1	29.602,9	2.00E-07	-1.272,02	1.813,9	-0.019,31

從此時的 VAR 系統來看（見表 7-8），就被解釋變量 HP 而言，受其自身的滯后 1 期、2 期的影響非常明顯；受 CPI 變量滯后 1、2 期影響也較為明顯；而受其他變量滯后項的影響不明顯；就被解釋變量 LNM2 而言，與 HP 情況相同，受其自身和 CPI 滯后 1 期、2 期影響較為明顯；受其他變量的滯后項影響並不明顯。

表 7-8　　　　　　　　　VAR 模型的計量結果

	HP	LNM2	ODR	CPI	GDP
HP (-1)	1.792,991	-6.57E-06	-0.000,119	-0.011,258	-0.001,995
	[32.448,2]	[-0.133,22]	[-1.640,67]	[-3.715,42]	[-1.337,45]
HP (-2)	-0.849,735	1.50E-05	0.000,138	0.009,088	0.002,078
	[-15.314,0]	[0.302,14]	[1.895,54]	[2.986,90]	[1.387,01]
LNM2 (-1)	157.387,8	0.821,897	-0.135,871	-3.084,846	-1.348,333
	[1.502,79]	[8.799,25]	[-0.991,43]	[-0.537,17]	[-0.476,87]
LNM2 (-2)	-37.549,16	0.164,958	0.116,376	7.777,359	1.644,329
	[-0.350,83]	[1.728,12]	[0.830,94]	[1.325,20]	[0.569,06]
ODR (-1)	0.884,077	0.072,226	1.487,2	-4.575,882	1.290,436
	[0.014,25]	[1.305,13]	[18.316,4]	[-1.344,89]	[0.770,32]
ODR (-2)	2.090,717	-0.075,377	-0.498,322	4.909,633	-1.714,095
	[0.033,39]	[-1.349,80]	[-6.082,05]	[1.429,98]	[-1.014,00]

表7-8(續)

	HP	LNM2	ODR	CPI	GDP
CPI (-1)	-2.908,509	-0.003,736	0.001,633	0.934,645	0.068,429
	[-1.808,41]	[-2.604,76]	[0.775,72]	[10.598,0]	[1.575,94]
CPI (-2)	3.118,173	0.002,82	-0.001,131	-0.040,384	-0.076,366
	[2.046,97]	[2.075,72]	[-0.567,38]	[-0.483,47]	[-1.856,88]
GDP (-1)	3.919,322	-0.003,788	-0.006,818	0.225,273	1.457,503
	[1.298,77]	[-1.407,60]	[-1.726,57]	[1.361,39]	[17.889,7]
GDP (-2)	-4.963,673	0.003,949	0.005,403	-0.176,287	-0.508,351
	[-1.623,41]	[1.448,06]	[1.350,32]	[-1.051,47]	[-6.158,29]
C	-1,355.552	0.279,315	0.280,813	-44.657,84	2.074,866
	[-4.500,94]	[1.039,88]	[0.712,55]	[-2.704,18]	[0.255,18]

由此可見：ODR 對 HP 和 LNM2 的動態影響並不顯著，與之前的分析結論相同，說明人口老齡化對房地產價格的影響微弱。並且特徵根跡檢驗（Trace）（見表7-9）和最大特徵值檢驗（Maximum Eigenvalue）（見表7-10）的結果在5%的顯著性水平下，各個變量也不存在協整關係。

表7-9　　　　　　　　　　特徵根跡檢驗結果

| Unrestricted Cointegration Rank Test (Trace) ||||
Hypothesized No. of CE (s)	Eigenvalue	Trace Statistic	0.05 Critical Value	Prob.
None	0.208,114	69.503,94	69.818,89	0.052,9
None	0.130,289	41.036,76	47.856,13	0.187,5
At most 1	0.105,626	24.006,27	29.797,07	0.200,2
At most 2	0.081,535	10.387,29	15.494,71	0.252,1
At most 3	9.02E-05	0.011,003	3.841,466	0.916,2
At most 4	0.208,114	69.503,94	69.818,89	0.052,9

表 7-10　　　　　　　　　最大特徵檢驗結果

Unrestricted Cointegration Rank Test（Maximum Eigenvalue）			
Hypothesized No. of CE（s）	Eigenvalue	Max-Eigen Statistic	0.05 Critical Value	Prob.
None	0.208,114	28.467,18	33.876,87	0.192,8
At most 1	0.130,289	17.030,49	27.584,34	0.577,3
At most 2	0.105,626	13.618,98	21.131,62	0.397,1
At most 3	0.081,535	10.376,29	14.264,6	0.188,4
At most 4	9.02E-05	0.011,003	3.841,466	0.916,2
None	0.208,114	28.467,18	33.876,87	0.192,8

7.5.5 Granger（格蘭杰）因果關係檢驗

Granger 因果關係檢驗的結果如表 7-11 所示。表 7-11 顯示了股票資產價格的結果，顯示了 V 在除之后 2 期外，其他滯后期內都成為 CPI 變動原因；除此之外，各個變量之間的因果關係並不顯著。表 7-12 顯示了房地產價格的結果，顯示了 LNM2 在除之后 1 期外，其他滯后期內都是 HP 變動原因；HP 在除滯后 1 期外，其他各期是 CPI 變動原因。除此之外，各個變量之間的因果關係並不顯著。

表 7-11　　　　格蘭杰因果關係檢驗（V 情況）

	V 不是 LNM2 原因	LNM2 不是 V 原因	CPI 不是 V 原因	V 不是 CPI 原因	V 不是 GDP 原因	GDP 不是 V 原因	V 不是 ODR 原因	ODR 不是 V 原因
1	0.802	0.093	0.054	0.049	0.023	0.321	0.189	0.343
2	0.367	0.045	0.068	0.138	0.157	0.558	0.522	0.571
3	0.265	0.070	0.289	0.011	0.266	0.482	0.744	0.478
4	0.395	0.092	0.585	0.022	0.273	0.574	0.878	0.402
5	0.436	0.024	0.786	0.023	0.065	0.698	0.636	0.176
6	0.329	0.016	0.795	0.007	0.095	0.667	0.669	0.109
7	0.339	0.122	0.838	0.007	0.080	0.324	0.735	0.373

表7-11(續)

	V 不是 LNM2 原因	LNM2 不是 V 原因	CPI 不是 V 原因	V 不是 CPI 原因	V 不是 GDP 原因	GDP 不是 V 原因	V 不是 ODR 原因	ODR 不是 V 原因
8	0.352	0.146	0.699	0.011	0.126	0.182	0.640	0.447
9	0.492	0.156	0.797	0.004	0.009	0.195	0.727	0.502
10	0.435	0.273	0.887	0.002	0.004	0.042	0.831	0.677
11	0.363	0.362	0.937	0.005	0.001	0.073	0.886	0.801
12	0.157	0.600	0.966	0.000	0.003	0.059	0.937	0.495

表7-12　　格蘭杰因果關係檢驗（HP情況）

	HP 不是 LNM2 原因	LNM2 不是 HP 原因	CPI 不是 HP 原因	HP 不是 CPI 原因	HP 不是 GDP 原因	GDP 不是 HP 原因	HP 不是 ODR 原因	ODR 不是 HP 原因
1	0.034	0.226	0.084	0.995	0.069	0.147	0.711	0.738
2	0.088	0.000	0.163	0.000	0.196	0.759	0.311	0.522
3	0.057	0.000	0.189	0.002	0.255	0.643	0.446	0.589
4	0.072	0.000	0.160	0.005	0.260	0.798	0.580	0.725
5	0.180	0.000	0.158	0.012	0.438	0.903	0.732	0.829
6	0.286	0.001	0.078	0.024	0.551	0.894	0.711	0.943
7	0.254	0.001	0.061	0.054	0.695	0.842	0.751	0.961
8	0.350	0.004	0.111	0.045	0.782	0.776	0.562	0.993
9	0.529	0.007	0.165	0.040	0.835	0.799	0.715	0.997
10	0.309	0.007	0.314	0.039	0.866	0.428	0.782	0.995
11	0.283	0.017	0.275	0.042	0.916	0.385	0.765	0.996
12	0.323	0.046	0.245	0.017	0.943	0.231	0.704	1.000

7.5.6　小結

通過2002—2012年月度宏觀經濟數據對我國人口老齡化對貨幣政策資產價格傳導機制進行實證分析，結果表明：

（1）人口老齡化對貨幣政策資產價格傳導機制影響微弱。

（2）中央銀行通過制定擴張或者緊縮性貨幣政策，通過貨幣供應量能傳導到股票市場和房地產市場，房地產價格能引起消費的顯

著變化，並對經濟增長產生影響，但不能通過股票市場傳導到消費市場並促進經濟增長。我國資產價格傳導機制有一定效果，其中貨幣政策通過房價傳導到消費的效果明顯強於股票市場價格，說明通過提高股票價格來拉動經濟增長是不切實際的。

8 結論與政策建議

書稿從對人口老齡化、老年人口的金融行為分析、人口老齡化與金融創新和金融風險、貨幣政策傳導機制等問題的討論開始，分別研究了人口老齡化對貨幣政策利率傳導機制、信貸傳導機制、匯率傳導機制以及資產價格傳導機制的影響，並從計量實證的角度進行了檢驗和推導。下面分別予以總結，並結合我國對貨幣政策傳導機制的改革提出針對性的政策建議。

8.1 研究結論

隨著我國老齡化社會的推進，人口老齡化成為倒逼金融業實施金融創新的重要因素。由於我國老年人較強的儲蓄傾向、理性的投資消費行為以及家庭內部資源的代際轉移弱化趨勢，老年人口表現出的獨特的金融行為特徵，催生出我國金融業特殊的金融創新。一是銀行業務創新方面，開發適合老年人特點的金融產品以滿足老年人的金融偏好，推進銀行產品與保險產品的結合、與信託產品的結合以及與中間業務的結合，實現老年人老有所靠、老有所為。二是保險業務創新方面，增加老年護理保險業務，包括法定護理保險和商業護理保險，推行住房反向抵押貸款，推行年金制，實現老年人老有所依、老有所養。

人口老齡化的金融風險主要表現為金融體系外在影響的金融風險，人口老齡化作為一個漸進過程，不是造成金融風險的核心因素，而是在金融活動中因人口老齡化帶來的不利影響可能對金融業造成的潛在損失或者不利趨勢，主要表現在金融資源在老齡化的配置過

程中對貨幣政策傳導機制產生的影響和風險，其根源在於經濟主體的內在機制和金融本身的脆弱性，不僅可能通過貨幣市場、資本市場引發金融動盪，還可能通過養老保險的制度安排引發金融風險。

關於人口老齡化對貨幣政策利率傳導機制的影響方面。梳理了貨幣政策利率傳導機制的主要理論即貨幣數量論、凱恩斯主義的 IS-LM 模型以及貨幣主義學派利率傳導理論，分析了利率傳導機制作用於市場主體的經濟行為和我國利率傳導機制的體系與特徵，並就貨幣政策的利率傳導機制嵌入人口年齡結構的影響進行了文獻回顧，採用 2002—2012 年人口老齡化、貨幣供應量、利率、消費和經濟增長等變量指標進行實證研究，結果表明人口老齡化對貨幣政策利率傳導機制有一定的影響，但效果不顯著；中央銀行通過制定擴張或者緊縮性貨幣政策，將引起市場利率的變化，但市場利率的變化不能引起投資和消費的顯著變化，因而對經濟發展的影響不明顯，利率傳導機制在我國有一定實效，但不顯著。

關於人口老齡化對貨幣政策信貸傳導機制的影響方面。厘清了貨幣政策信貸傳導機制的發展脈絡和理論基礎，分析了信貸渠道傳導貨幣政策的主要途徑，對人口老齡化對我國貨幣政策信貸傳導渠道的影響機制進行了探討，採用 2002—2012 年人口老齡化、財政赤字、貨幣供應量、通貨膨脹、銀行貸款和經濟增長等變量指標實證分析了人口老齡化對我國貨幣政策的信貸傳導影響，研究表明我國人口老齡化對貨幣政策信貸傳導機制有效，我國貨幣政策信貸傳導機制是貨幣政策傳導的主渠道。

關於人口老齡化對貨幣政策匯率傳導機制的影響方面。分析了貨幣政策匯率傳導機制的主要理論，包括購買力平價理論、利率平價理論和蒙代爾-弗萊明模型，介紹了成熟市場經濟下的匯率傳導機制，分析了我國當前匯率制度下的匯率傳導機制，並梳理了影響國內外匯率傳導機制的相關文獻，分析了人口老齡化對貨幣政策匯率傳導機制影響的作用機理，採用 2002—2012 年人口老齡化、貨幣供應量、人民幣實際有效匯率、淨出口和經濟增長等變量指標進行實證研究，研究發現人口老齡化對貨幣政策匯率傳導機制有一定的影響，但效果不顯著，貨幣供應量的變化將很難引起實際有效匯率的

變化，短期來看實際有效匯率的變化對淨出口變化有影響，但對經濟發展的長期影響不明顯，說明我國匯率傳導機制的有效性存在阻滯。

關於人口老齡化對貨幣政策資產價格傳導機制的影響方面。介紹了貨幣政策資產價格傳導機制的主要理論和資產價格的貨幣政策傳導的美日經驗，分析了我國資產價格傳導機制的影響因素並就相關問題進行文獻的梳理，分析了人口老齡化對貨幣政策資產價格傳導機制影響的作用機理，採用 2002—2012 年人口老齡化、貨幣供應量、資產價格、消費和經濟增長等變量指標進行實證研究，研究認為人口老齡化對貨幣政策資產價格傳導機制影響微弱。中央銀行通過制定擴張或者緊縮性貨幣政策，使貨幣供應量能傳導到股票市場和房地產市場，而房地產價格能引起消費的顯著變化，並對經濟增長產生影響，但不能通過股票市場傳導到消費市場並促進經濟增長。我國資產價格傳導機制有一定效果，其中貨幣政策通過房價傳導到消費的效果明顯強於股票市場價格。

8.2　政策建議

人口老齡化是一個長期的、持續的、不斷累進的過程，不僅體現為一個自然的物理進程，還包涵了思想意識在內的社會屬性，因此從長期來看，其對儲蓄、投資、消費、產出以及貨幣政策目標、貨幣政策工具、貨幣政策傳導機制等都體現出線性的不間斷的影響，從而構成了對宏觀經濟調控和微觀經濟政策長期的衝擊。因此，人口老齡化對貨幣政策是全方位全過程的影響。在國外，諸如 Miles（1999）、Bloom（2005）、CamPbell（2005）、Jacob Braude（2000）、Hagen 和 T. Fender（1998）、Smets（1997）、Abel（2001）、Brooks（2002）、Siegel（2005）、Mankiw Weil（1989）等眾多經濟學家從不同視角著重研究了人口老齡化對貨幣政策的影響。在國內，周小川（2004，2013）、林毅夫（2008）強調了要研究人口老齡化對貨幣政策傳導機制影響，易綱（2002）、謝平（2007）、張杰（2006）等專

家學者提及了人口老齡化對資產價格影響以及有關問題。

結合第一章的研究定位，第四至七章的實證分析和研究，現就人口老齡化影響下我國貨幣政策傳導機制的改革發展等相關領域提出政策建議。

8.2.1 從理念到行動，打通人口老齡化對貨幣政策傳導機制的影響路徑

通過人口老齡化對貨幣政策傳導機制影響的理論分析可以看出，人口老齡化作為一個深刻的社會現實，對貨幣政策傳導機制的影響是毋庸置疑的，但從第四、第六和第七章的實證研究卻得出影響不顯著或者影響微弱的結論，這就需要業界和學界來共同研究探討，找出癥結，完善措施，積極主動應對人口老齡化的挑戰，促進我國金融業的健康發展。

一方面，主觀意識不到位，各級政府和行政主管部門，甚至包括普通民眾，對人口老齡化對我國經濟社會發展帶來的挑戰認識不深刻，這就必然導致應對措施缺位；另一方面，改革的統籌不到位，在部署改革方案，推進改革措施等方面，站在行業部門或者區域的角度思考問題，缺乏綜合與統籌。第四章和第六章的實證研究得出了人口老齡化對利率傳導機制和匯率傳導機制的影響不顯著的結論，同時利率傳導機制和匯率傳導機制本身內在的傳導渠道也存在阻滯，分析其主要原因，就是我國的利率市場化和人民幣匯率形成機制市場化問題。因此，要打通人口老齡化對利率和匯率傳導機制的影響，必須疏浚利率和匯率傳導渠道的阻塞，而影響我國利率和匯率傳導機制的關鍵問題，就是利率市場化和人民幣匯率形成機制市場化改革。

2013年11月《中共中央關於全面深化改革若干重大問題的決定》提出，要「完善人民幣匯率市場化形成機制，健全反應市場供求關係的國債收益率曲線。加快推進利率市場化，推動資本市場雙向開放，有序提高跨境資本和金融交易可兌換程度，建立健全宏觀審慎管理框架下的外債和資本流動管理體系，加快實現人民幣資本項目可兌換。」黨的十八屆三中全會描繪並部署了我國利率市場化和

人民幣匯率市場化形成機制改革的重點和步驟。

8.2.1.1 利率市場化改革

Bean（2004）認為，人口老齡化通過影響利率，影響居民消費等路徑影響貨幣政策傳導機制。Hellman、Murdock 和 Stiglitz（1997）提出的金融約束理論認為，在市場基礎比較薄弱的發展中國家，中央銀行實施存貸款利率的控制、市場准入的限制等政策干預措施比完全的市場化更有利於推動金融業的發展。因此，我國在人口老齡化和處於發展中國家的現實情況下，推進利率市場化改革面臨著巨大的挑戰，必須進一步研究論證改革的路徑，把握好改革的時機、推進的節奏、配套措施的跟進，健全貨幣政策傳導機制，提升經濟金融發展的效率和可持續性。

（1）繼續培育金融市場基準利率體系。2007 年 1 月 4 日，全國同業拆借中心借鑒英國倫敦同業拆借利率（Libor，London Interbank Offered Rate）模式，在上海開始發布上海同業拆借利率（Shibor）的報價。Shibor 推出以來，在各市場主體的精心培育下，逐步成為我國金融市場重要的指標性利率。但由於利率雙軌制、利率市場分割、市場交易量支撐不夠、Shibor 的報價機制以及金融市場信用體系等原因，Shibor 對其他利率的引導效應和基準利率的地位還有待進一步提高，因此必須加快 Shibor 作為基準利率體系的建設，鞏固 Shibor 基準利率地位。

（2）完善金融機構自主定價機制。市場利率化改革的進程也體現出金融市場的競爭程度，特別是存款利率上限的打開，金融市場的競爭將更趨激烈，中央銀行必須未雨綢繆，防止金融機構非理性競爭行為，引導金融機構完善自主定價機制，提高自主定價能力，夯實利率市場化改革的微觀基礎。

（3）健全中央銀行利率體系。隨著金融市場的不斷發展，我國社會融資渠道趨於多元化，加之 2008 年國際金融危機的深刻教訓，中央銀行以貨幣供應量為主體的數量型貨幣政策傳導機制的有效性逐漸下降，因此建立和完善多層次的利率體系成為價格型貨幣政策傳導機制的重要支撐。

8.2.1.2 人民幣匯率市場化形成機制改革

從國際資本流動的生命週期動因角度分析，Braude（2000）、

Paul S. L. YIP 和 TAN Khye Chong（2005）認為人口老齡化將造成人口紅利消失，實際匯率上升，資本收益率下降，並引發國際資本從老齡化發達國家向年輕化發展中國家流動。加之2008年以來的美債危機和歐債危機導致美國和歐洲貨幣貶值，引發新興市場國家跨境資金持續大規模流入，本國貨幣大幅度升值。我國匯率在這種多重多向交錯壓力下，積極應對國際經濟金融發展變化，堅持漸進性、主動性和可控性原則穩步推進改革。

我國人民幣匯率市場化形成機制改革的進程，以逐步擴大人民幣匯率浮動幅度為主線。1994年人民幣匯率浮動幅度是0.3%，2007年擴大至0.5%，2012年擴大至1%，2014年3月17日擴大至2%。人民幣匯率形成機制改革的主要目標是完善人民幣匯率形成機制，保持人民幣匯率在合理、均衡水平上的基本穩定；有選擇、分步驟放寬對跨境資本交易的限制，在有效防範金融風險的基本前提下，逐步實現人民幣資本項目可兌換。

（1）加大市場決定匯率的力度，促進國際收支平衡。2014年3月中國人民銀行副行長、國家外匯管理局局長易綱在中國發展高層論壇2014「全面深化改革的中國」經濟峰會上表示在匯率形成機制方面，匯率的浮動幅度擴大，雙向浮動是一個新的氣象，今後雙向浮動會是常態，彈性會增加，人民幣匯率將主要由市場供求來決定，人民銀行對匯率的決定作用會減弱，因此需要進一步完善外匯市場、提高人民幣匯率彈性。

（2）發展外匯市場，豐富外匯產品。經過多年的發展，我國當前已經初步建成了比較完善的外匯市場體系，但外匯市場的廣度和深度不足，不能更好地滿足企業和居民的需求，需要推出以Shibor為基準利率的外匯產品，提高外匯產品的波動率。建立銀行間的外匯拆借市場，增加外幣之間的交易，外幣期權與期貨之間的交易。放寬金融機構外資持股比例限制，完善QFII與RQFII機制，最終取消QFII等臨時過渡政策限制。鼓勵境內民間投資者進行跨境投資，完善資本市場跨境投資制度。

（3）增強人民幣匯率雙向浮動彈性。根據我國經濟金融發展形勢以及外匯市場發育狀況，實現人民幣匯率在合理均衡水平上保持

基本穩定。統籌匯率波動的合理預期，增強匯率的彈性和靈活性。進一步改革匯率形成和定價機制，適時調整並逐步擴大一籃子貨幣的品種與範圍。根據國際金融市場的變化，適時穩妥擴大人民幣匯率的浮動幅度。積極應對國際經濟、貿易以及投資環境的變化，中央銀行基本退出常態式外匯干預，建立以市場供求為基礎，有管理的浮動匯率制度。

8.2.1.3 相關配套機制改革

利率市場化和人民幣匯率市場化是實現資源市場化配置的最重要的制度變革之一，牽涉一系列貨幣政策的制度安排，因此需要信貸政策、股票和債券市場、存款保險制度等配套支撐。

（1）信貸政策改革。一方面引導信貸資金投向，大力支持老年產業發展，提高信貸資金支持產業轉型升級的效用。另一方面約束市場主體的超市場行為，促進資源在市場上進行優化配置，避免產生道德風險；控制貸款利率浮動的非市場化行為，國有大企業利用充分的信息優勢，降低信貸外部風險溢價，貸款利率下限取消後成為最大的受益者，與中小企業的利率差進一步拉大。

（2）債券和股票發行制度改革。擴大債券和股票市場規模，是資產價格充分發揮市場化槓桿功能的基本前提。一方面借鑑美國競標模式改革債券發行利率競價方式，提高因明顯利益導向而故意扭曲價格的道德風險的約束力。另一方面創新債券市場的信用評級制度，採用國際通行模式以信用評級的方式解決各類債券產品還債能力的信息對稱問題。再次，進一步完善新股發行改革、規範網下詢價和定價行為，加強對配售過程監管，降低創業板 IPO 門檻、再融資放開及退市制度完善等。

（3）深化存款保險制度改革。全面放開貸款利率，分步驟打開存款利率上限管制，將加大銀行的經營風險，同時民營銀行和中小銀行門檻降低，將進一步加劇銀行業的競爭，可能會導致部分中小銀行破產，如果按照現有的破產清算模式，普通儲戶將遭受重大損失，因此深化存款保險制度改革，有效防範商業銀行的道德風險和逆向選擇，成為利率匯率市場化的重要保障。

8.2.2　從傳承到創新，推進老年產業資產證券化改革

8.2.2.1　老年產業信貸資產證券化改革

信貸資產證券化是指把欠流動性但有未來現金流的信貸資產（如銀行的貸款、企業的應收帳款等）經過重組形成資產池，並以此為基礎發行證券。2005年4月，我國正式啓動了信貸資產證券化改革試點，在國內選擇了11家金融機構在銀行間債券市場發行信貸資產支持證券。2009年由於美國次貸危機的影響暫停試點，2011年選擇了7家金融機構繼續試點。美國次貸危機表明，資產證券化是中性的，既可以為金融市場創造流動性，激活債券市場與資本市場的連接機制，分散金融風險，也可能因監管不到位而被市場濫用引發系統性風險，甚至爆發金融危機。

當前，我國信貸資產證券化與美國相比，市場規模較小，產品類型單一，市場反應冷淡，交易量小，因此，在信貸資產證券化試點進程推進中，應進一步豐富投資品種，探索中長期貸款證券化，特別是應向健康保險、養老基礎設施建設、文化娛樂、體育健身、養老消費等老年產業信貸資產證券化進行傾斜，不僅要依靠傳統的政府投入、財政貼息等措施，在金融創新方面也應予以支持。

8.2.2.2　建立通貨膨脹目標制政策框架，關注股市、匯市、債市和樓市的風險聯動機制

通貨膨脹目標制是中央銀行直接以通貨膨脹為目標並對外公布該目標的貨幣政策制度。在通貨膨脹目標制下，傳統的貨幣政策體系將發生重大變化，在政策工具與最終目標之間不再設立中間目標，貨幣政策的決策依據主要依靠定期對通貨膨脹的預測。政府或中央銀行根據預測提前確定本國未來一段時期內的中長期通貨膨脹目標，中央銀行在公眾的監督下運用相應的貨幣政策工具使通貨膨脹的實際值和預測目標相吻合。通貨膨脹目標制自1990年新西蘭率先採用以來，已有美國、英國、日本、加拿大、瑞典等數十個國家先後實行。

在當前，我國樓市調控考驗猶存、股市承壓低迷盤整、匯市激盪暗流湧動、債市創新後效待觀，全國人大財政經濟委員會副主任

委員尹中卿講到,「樓市、股市、債市、匯市,市市關心」,每一市都牽動老百姓的神經,甚至關係到金融經濟的改革和發展。2008年世界金融危機充分展現了當今全球經濟越來越顯著的股票市場、房地產市場、外匯市場、期貨市場、債券市場彼此牽扯,相互影響,交錯共振的聯動關係,這種聯動機制並不會因為本次經濟金融危機的結束而結束,相反,它將一直處於不斷強化之中,而這種聯動機制對於各國經濟安全、對於世界經濟的安全,都是極端重要的。

1999年9月米什金在接受記者採訪時認為,中國適宜採取以通貨膨脹為目標的貨幣政策,而孫一銘(2013),程均麗、劉梟(2013),劉東華(2011),盧寶梅(2009),卞志村(2007),高見(2006)等根據我國經濟金融的發展形式也認為我國目前適宜採取通貨膨脹目標制。通貨膨脹目標制將股市、匯市、債市和樓市納入一體化監管體系,關注資產價格變動,注重發揮資產價格的槓桿作用,暢通貨幣政策傳導機制和聯動效應,暢通人口老齡化對貨幣政策傳導機制的影響路徑,進而維護金融安全與穩定。

8.2.3 從借鑑到務實,推進我國養老體制改革

我國是一個養老保障嚴重不足的國家,並已進入嚴峻的老齡化社會,老齡化和養老體制改革的影響,絕不僅限於金融市場和金融體系的結構變化,而且還影響利率政策、信貸政策、匯率政策和資產價格,進而影響貨幣政策的實效性。黨的十八屆三中全會提出了我國養老體制改革的頂層設計,2014年2月7日國務院常務會議決定合併新型農村社會養老保險和城鎮居民社會養老保險,建立全國統一的城鄉居民基本養老保險制度,我國養老體制改革進入一個新的階段。

8.2.3.1 延遲退休

作為養老體制改革中最受公眾關注的一項政策建議,延遲退休計劃自提出後就飽受社會各界爭議。讚成者認為,我國的養老金空帳已超過2萬億元,如果再不延長退休年齡,養老金就不夠用了;而反對者認為,延長退休年齡意味著剝奪勞動者應該享受的退休福利,縮短勞動者享受領取養老金的時間,同時也會給年輕人就業造

成壓力。清華大學楊燕綏等學者建議從 2015 年開始實施有步驟的延遲退休計劃，2030 年之前完成男、女職工和居民 65 歲領取養老金的目標。中國社科院胡偉略認為逐步延遲退休年齡是必然趨勢。縱觀人口老齡化國家採取的退休政策，我國採取彈性退休制度，分步驟分階段分類別實施延遲退休計劃，是人口老齡化背景下不得不做出的選擇。

8.2.3.2 以房養老

以房養老政策既是完善養老保障機制的重要補充，也是人口老齡化形勢下金融創新的重要舉措。美國、日本、加拿大、新加坡等國較早實施了以房養老政策，成為老年人生活保障的依靠。2007 年 11 月，上海市公積金管理中心實施「以房養老」方案研究和試點，但在我國以家庭養老為主體的養老傳統下，試點推進效果不佳，房屋產權 70 年、房價的未來走勢、家庭財產的代際轉移傳統等制約了政策的實施與推廣。因此，要細化政策實施主體，區別以房養老政策適宜人群，推動以房養老政策的實施。

8.2.3.3 公平養老

2014 年，我國實施全國統一的城鄉居民基本養老保險制度，2015 年實施機關事業單位養老保險制度改革，基本結束了養老保險制度的板塊化、碎片化的隱患，但仍然存在不同的支付渠道、不同的享受標準等制度性不公平。社會養老保險旨在為公眾退休之後提供基本的生活保障，因此在制度設計的時候特別要講究公平性和科學性。目前我國城鎮和農村居民分別適用城鎮職工或城鎮居民養老保險制度和新型農村養老保險制度。雖然養老金都是基礎養老金和個人帳戶相結合的「統帳結合」式，但由於不同制度的繳費基數和計發辦法不同，導致待遇存在很大的差異。因此，推進公平養老，打破區域阻隔，實現真正的公平養老，成為我國養老保險制度改革的堅定取向。

參考文獻

[1] 艾春榮, 汪偉. 中國居民儲蓄率的變化及其原因分析 [J]. 湖北經濟學院學報, 2008 (11).

[2] 安國俊. 人民幣匯率市場化改革 [J]. 中國金融, 2012 (3).

[3] 巴曙松, 楊現領. 從金融危機看未來國際貨幣體系改革 [J]. 當代財經, 2009 (11).

[4] 白欽先, 李安勇. 論西方貨幣政策傳導機制理論 [J]. 國際金融研究, 2003 (6).

[5] 白雲濤, 陳建付. 我國近年來貨幣信貸政策實踐及其取向——伯南克和布林德 CC-LM 模型在我國目前條件下的適用性 [J]. 南昌大學學報: 人文社會科學版, 2007 (4).

[6] 曹龍騏, 李永寧. 海外學者關於人民幣匯率研究的文獻綜述 [J]. 經濟學動態, 2008 (9).

[7] 曾憲久. 凱恩斯的貨幣政策傳導理論考察——兼論我國貨幣政策傳導的利率效應 [J]. 經濟體制改革, 2001 (3).

[8] 曾志斌. 基於資產價格渠道的貨幣政策傳導機制的理論分析 [J]. 現代商業, 2012 (12).

[9] 陳成鮮, 王浣塵. 人口老齡化對我國股票市場的影響分析 [J]. 證券市場導報, 2003 (4).

[10] 陳灝. 人民幣實際匯率波動的原因分析 [J]. 上海經濟研究, 2008 (10).

[11] 陳建南. 貨幣政策中利率傳導機制分析 [J]. 金融與經濟, 2004 (6).

[12] 陳鵬軍. 我國人口老齡化趨勢、影響及對策研究 [J]. 重

慶工商大學學報：社會科學版，2011（3）．

［13］陳平．國際資本流動與匯率決定［J］．國際金融研究，2000（9）．

［14］陳姍姍．西方人口轉變理論的回顧與再思考［J］．牡丹江大學學報，2011（3）．

［15］陳衛，黃小燕．人口轉變理論述評［J］．中國人口科學，1999（5）．

［16］陳喜強．人口老齡化如何通過社會保障制度去影響廣西的經濟？［J］．廣西經貿，2002（11）．

［17］程永宏．現收現付制與人口老齡化關係定量分析［J］．經濟研究，2005（3）．

［18］池光勝．人口老齡化與實際有效匯率［J］．上海金融，2013（5）．

［19］池光勝．人口老齡化與實際有效匯率的實證研究——基於全球187個國家30年數據的面板分析［J］．金融研究，2013（2）．

［20］楚爾鳴．中國貨幣政策匯率傳導有效性的實證研究［J］．湘潭大學學報：哲學社會科學版，2006（2）．

［21］崔瑛．淺析金融創新對貨幣政策的影響［J］．西安金融，2003（4）．

［22］戴國海．人口結構變化對房地產週期性波動的影響［J］．金融發展研究，2011（7）．

［23］丁潤萍．中國人口老齡化與養老保險體制改革：上篇［J］．能源基地建設，1999（1）．

［24］丁潤萍．中國人口老齡化與養老保險體制改革：下篇［J］．能源基地建設，1999（2）．

［25］董麗霞，趙文哲．人口結構與儲蓄率：基於內生人口結構的研究［J］．金融研究，2011（3）．

［26］杜本峰，李一男．老年人消費與投資行為特徵和金融產品創新——以北京市調查為例［J］．經濟問題探索，2007（3）．

［27］杜本峰，張瑞．人口老齡化與金融創新關係研究述評［J］．經濟學動態，2008（6）．

[28] 杜本峰. 人口老齡化對金融市場的影響分析 [J]. 經濟問題, 2007 (6).

[29] 杜鵬. 中國人口老齡化主要影響因素的量化分析 [J]. 中國人口科學, 1992 (6).

[30] 樊舒, 陳傳明. 利率市場化改革主要問題及對策 [J]. 人民論壇, 2013 (6) 下.

[31] 範敘春, 朱保華. 預期壽命增長、年齡結構改變與我國國民儲蓄率 [J]. 人口研究, 2012 (7).

[32] 範兆斌, 吳華妹. 國際人口遷移、信貸約束與人力資本累積 [J]. 世界經濟研究, 2013 (3).

[33] 方圓. 人口結構對房地產價格波動的影響 [J]. 時代金融, 2012 (9).

[34] 馮中聖. 金融風險：內涵、分類和防範 [J]. 宏觀經濟管理, 1997 (9).

[35] 弗蘭科·莫迪利亞尼文萃 [M]. 北京：首都經貿大學出版社, 2001.

[36] 付伯穎. 人口老齡化背景下公共財政政策的選擇 [J]. 地方財政研究, 2008 (10).

[37] 傅瑋韡. 我國貨幣政策資產價格傳導機制的實證研究 [J]. 特區經濟, 2013 (9).

[38] 高見. 老齡化、金融市場及其貨幣政策含義 [M]. 北京：北京大學出版社, 2010.

[39] 高山, 黃楊, 王超. 貨幣政策傳導機制有效性的實證研究——基於利率傳導渠道的 VAR 模型分析 [J]. 財經問題研究, 2011 (7).

[40] 高山. 我國貨幣政策傳導機制有效性的實證研究——基於匯率傳導渠道的 VAR 模型分析 [J]. 武漢金融, 2011 (4).

[41] 高山. 我國貨幣政策傳導機制有效性的實證研究——以資產價格傳導渠道為視角 [J]. 金融與經濟, 2011 (1).

[42] 高淑紅. 人口老齡化的財政負擔及對策研究 [J]. 地方財政研究, 2011 (1).

[43] 高雅. 貨幣政策對居民消費儲蓄行為的影響研究 [D]. 湘潭大學, 2012.

[44] 工商社論. 人口快速老齡化將迫使全球利率上升 [N]. 工商時報, 2003-10-23 (1).

[45] 顧巧明, 胡海鷗. 中外貨幣政策傳導機制理論比較研究 [J]. 上海管理科學, 2010 (4).

[46] 韓玲慧. 人口老齡化背景下發達國家社會保障事業面臨的財政壓力 [J]. 經濟與管理研究, 2013 (6).

[47] 何國華, 黃明皓. 開放條件下貨幣政策的資產價格傳導機制研究 [J]. 世界經濟研究, 2009 (2).

[48] 何慧剛, 何詩萌. 中國貨幣政策傳導機制的效應分析 [J]. 雲南社會科學, 2012 (6).

[49] 何林. 現收現付制養老保險風險量化及應對策略 [J]. 保險研究, 2010 (8).

[50] 何起東, 呂永華, 丁鳴. 當前我國利率傳導機制有效性的實證研究 [J]. 上海金融, 2012 (9).

[51] 何穎. 我國貨幣政策利率傳導機制實證研究 [J]. 商業時代, 2011 (36).

[52] 賀建清, 胡林龍. 貨幣政策匯率傳導渠道在我國的有效性研究 [J]. 金融發展研究, 2010 (4).

[53] 賀菊煌. 用基本的生命週期模型研究儲蓄率與收入增長率的關係 [J]. 數量經濟技術經濟研究, 1998 (3).

[54] 胡潔. 我國貨幣政策的信貸傳導機制分析 [J]. 大眾商務, 2009 (7).

[55] 胡偉略. 關於金融危機與人口老齡化問題 [EB/OL]. 中國社會科學網, 2010-04-23. http://www.cssn.cn/ddzg/ddzg_ld-js/ddzg_jj/201004/t20100423_805689.shtml.

[56] 胡曉華, 易守寬, 楊雪梅. 淺析人口老齡化對中國養老保險制度的挑戰 [J]. 法制與社會, 2013 (2) 上.

[57] 黃碧丹, 周冬寶. 中國貨幣政策利率傳導機制的理論和實證研究 [J]. 長春工業大學學報：社會科學版, 2012 (7).

[58] 黃丹. 中國貨幣政策效果地區差異的實證研究 [D]. 對外經濟貿易大學, 2006.

[59] 黃金老. 論金融脆弱性 [J]. 金融研究, 2001 (3).

[60] 黃文華, 朱晶晶, 熊紅英. 貨幣政策的資產價格傳導機制及其實證分析 [J]. 江西社會科學, 2010 (2).

[61] 黃澤華. 我國貨幣政策信貸傳導機制研究 [J]. 理論探索, 2010 (3).

[62] 霍楠. 我國現行人民幣匯率體系的思考 [J]. 武漢金融, 2007 (3).

[63] 江春, 翁強. 經濟增長、人口結構、金融市場對中國儲蓄率影響分析——基於修正的生命週期模型的實證分析 [J]. 區域金融研究, 2009 (4).

[64] 姜向群. 中國人口老齡化和老齡事業發展報告 [M]. 北京: 中國人民大學出版社, 2013.

[65] 蔣放鳴. 金融創新對貨幣政策的效應分析 [J]. 上海金融, 2002 (3).

[66] 蔣厚棟. 我國貨幣政策資產價格傳導機制研究 [J]. 世界經濟情況, 2010 (2).

[67] 解韜. 英國應對人口老齡化的經驗及對中國的啟示 [J]. 戰略決策研究, 2012 (1).

[68] 金中夏. 論中國實際匯率管理改革 [J]. 經濟研究, 1995 (3).

[69] 闞麗萍, 王海靈. 人口結構與金融資產價格的相關性研究 [J]. 商業文化: 學術版, 2010 (9).

[70] 科恩·特林斯. 如何應對人口老齡化的挑戰 [EB/OL]. 中國經濟時報, 2011-07-26. http://lib.cet.com.cn/paper/szb_con/118421.html.

[71] 樂毅, 刁節文. 我國貨幣政策傳導機制有效性實證研究——基於利率傳導途徑的 VAR 模型分析 [J]. 金融經濟, 2013 (6).

[72] 李安勇, 白欽先. 貨幣政策傳導的信貸渠道研究 [M]. 北京: 中國金融出版社, 2006.

[73] 李波偉，陳小麗. 我國現行人民幣匯率制度存在的問題及對策研究 [J]. 科技創業月刊，2005 (6).

[74] 李洪心，李巍. 人口老齡化對我國財政支出規模的影響——從社會保障角度出發 [J]. 南京人口管理幹部學院學報，2012 (4).

[75] 李鴻雁，王超. 人口老齡化對金融業的影響分析 [J]. 學理論，2008 (18).

[76] 李儉富. 經濟增長、人口結構與儲蓄率的關係研究 [J]. 統計教育，2008 (12).

[77] 李建新. 國際比較中的中國人口老齡化變動特徵 [J]. 學海，2005 (6).

[78] 李軍. 人口老齡化經濟效應分析 [M]. 北京：社會科學文獻出版社，2005.

[79] 李路，趙景峰. 貨幣政策信貸傳導渠道的理論評述 [J]. 中國流通經濟，2012 (5).

[80] 李若谷. 金融危機與國際貨幣體系改革 [J]. 中國金融，2010 (5).

[81] 李松華. 基於 DSGE 模型的利率傳導機制研究 [J]. 湖南大學學報：社會科學版，2013 (3).

[82] 李文星，徐長生，艾春榮. 中國人口年齡結構和居民消費：1989—2004 [J]. 經濟研究，2008 (7).

[83] 李延敏，楊林. 人口老齡化與金融產品創新 [J]. 經濟論壇，2004 (5).

[84] 李揚，殷劍峰. 勞動力轉移過程中的高儲蓄、高投資和中國經濟增長 [J]. 經濟研究，2005 (2).

[85] 李穎，欒培強. 人民幣匯率傳導效果與傳導機制分析 [M]. 北京：經濟科學出版社，2010.

[86] 林毅夫. 各國央行須關注股市和資產價格 [N]. 中國證券報，2008-10-21.

[87] 劉大玉. 金融危機下美國養老保險體系面臨的風險及其對我國的啟示 [J]. 廣東行政學院學報，2010 (2).

［88］劉德英. 我國貨幣政策利率傳導機制實證分析［J］. 知識經濟, 2012（6）.

［89］劉積余. 利率在貨幣政策傳導機制中的作用分析［J］. 河南金融管理幹部學院學報, 2004（1）.

［90］劉降斌, 潘慧. 我國貨幣政策信貸傳導機制有效性分析［J］. 經濟研究導刊, 2011（20）.

［91］劉俊. 人口老齡化研究簡述［J］. 科教導刊：中旬刊, 2010（4）.

［92］劉麗萍. 我國貨幣政策傳導機制的信貸渠道分析［J］. 安徽工業大學學報：社會科學版, 2008（3）.

［93］劉沁清. 老齡化進程中的中國匯率政策［M］. 上海：復旦大學出版社, 2011.

［94］劉士余. 進一步擴大信貸資產證券化試點［J］. 中國金融, 2013（21）.

［95］龍瓊華, 伍海華. 中國貨幣政策利率傳導機制的實證研究：1998—2008年［J］. 青島大學學報, 2009（12）.

［96］樓當. 人口老齡化對股市價格波動影響的實證研究［J］. 時代經貿, 2006（8）.

［97］盧文彬. 論人口老齡化對我國消費市場的影響［J］. 消費經濟, 1996（2）.

［98］蘆東. 人口結構、經濟增長與中國居民儲蓄：基於迭代模型（OLG）和省級面板數據的實證研究［J］. 上海金融, 2011（1）.

［99］魯志國. 簡論人口老齡化對我國產業結構調整的影響［J］. 深圳大學學報：人文社會科學版, 2001（3）.

［100］馬紅霞, 孫雪芬. 關於金融危機與貨幣政策關係的學術爭鳴［J］. 經濟學動態, 2010（8）.

［101］馬輝. 我國貨幣政策資產價格傳導機制有效性分析［J］. 經濟論壇, 2009（12）.

［102］繆露. 我國貨幣政策傳導機制研究——基於資產價格渠道的實證分析［J］. 黑龍江對外經貿, 2010（4）.

［103］潘耀明, 胡瑩, 仲偉周. 基於利率途徑的貨幣政策傳導

效果實證研究 [J]. 上海金融, 2008 (3).

[104] 潘雲爽. 基於信貸傳導渠道的貨幣政策區域效應研究 [D]. 遼寧工程技術大學, 2009.

[105] 彭建松. 西方人口經濟學概論 [M]. 北京：北京大學出版社, 1987.

[106] 彭文生. 人口結構不僅僅影響通脹還影響利率 [EB/OL]. 金融界網站, 2013-06-07. http://money.news18a.com/news/130607/1/story_137287.html.

[107] 平曉冬. 人口結構與房地產市場關係分析 [J]. 中國經貿, 2010 (6).

[108] 祁峰. 我國人口老齡化的經濟效應分析 [J]. 經濟問題探索, 2010 (1).

[109] 錢凱. 我國人口老齡化問題研究的觀點綜述 [J]. 經濟研究參考, 2010 (70).

[110] 任正委. 人口因素對房地產市場需求的影響——兼論中國房地產業的剛性需求 [J]. 商場現代化, 2008 (6) 中.

[111] 沈繼倫. 人口老齡化對資本市場的影響：關於我國基本養老保險基金擬入市的思考 [J]. 商業時代, 2013 (1).

[112] 盛松成. 為什麼需要推進資本帳戶開放 [J]. 中國金融, 2013 (18).

[113] 盛松成. 協調推進利率匯率改革與資本帳戶開放 [EB/OL]. 中國人民銀行網站, 2013-03-28. http://www.pbc.gov.cn/publish/diaochatongjisi/866/2012/20120523140117671433549/20120523140117671433549_.html.

[114] 施峰. 人口老齡化：中國和平發展必須應對的挑戰 [J]. 經濟研究參考, 2004 (75).

[115] 石睿. 金融創新、金融風險與金融穩定的理論分析 [J]. 南方金融, 2011 (6).

[116] 孫明華. 我國貨幣政策傳導機制的實證分析 [J]. 財經研究, 2004 (3).

[117] 孫祁祥, 朱俊生. 人口轉變、老齡化及其對中國養老保

險制度的挑戰［J］．財貿經濟，2008（4）．

［118］孫群，孫志燕．人口結構變化對我國財政支出規模的影響分析——基於多元迴歸分析方法［J］．中國管理信息化，2013（6）．

［119］唐安寶，何凌雲．人民幣匯率傳導機制的有效性分析［J］．國際貿易，2007（10）．

［120］唐東波．人口老齡化與居民高儲蓄——理論及中國的經驗研究［J］．金融論壇，2007（9）．

［121］陶立群．再談人口老齡化若干問題的辨析——兼與穆光宗等同志商榷有關人口老齡化的幾個理論和概念問題（之一）［J］．人口學刊，1997（6）．

［122］田雪原．「未富先老」視角的人口老齡化［J］．南方人口，2010（2）．

［123］汪偉．經濟增長、人口結構變化與中國高儲蓄率［J］．經濟學季刊，2009（1）．

［124］王德文，蔡昉，張學輝．人口轉變的儲蓄效應和增長效應——論中國增長可持續性的人口因素［J］．人口研究，2004（5）．

［125］王東風．國外金融體系金融脆弱性理論研究綜述［J］．國外社會科學，2007（5）．

［126］王剛．人口老齡化對居民儲蓄的影響分析——以北京市為例［J］．經濟問題探索，2006（9）．

［127］王宏生．我國貨幣政策利率傳導機制有效性分析［J］．金融理論與實踐，2013（2）．

［128］王江渝．我國基準利率的建設與完善［J］．中國金融，2013（2）．

［129］王克．中國人口老齡化對未來經濟的影響［J］．人口學刊，1987（2）．

［130］王品春．人口老化與投資和儲蓄關係淺析［J］．浙江經專學報，1997（3）．

［131］王麒麟，賴小瓊．人口年齡結構、財政政策與中國高儲蓄率［J］．貴州財經學院學報，2012（1）．

[132] 王茜. 金融危機背景下我國貨幣政策有效性研究綜述 [J]. 管理學家學術版, 2011 (10).

[133] 王仁言. 人口年齡結構、貿易差額與中國匯率政策的調整 [J]. 世界經濟, 2003 (9).

[134] 王森. 中國人口老齡化對居民儲蓄率影響的定量分析——基於 VAR 模型的方法 [J]. 中國人口科學, 2010 增刊 (2).

[135] 王森. 中國人口老齡化與居民儲蓄之間關係——基於 1979—2007 年的數據 [J]. 石家莊經濟學院學報, 2008 (4).

[136] 王先益. 中國人口老齡化問題研究綜述 [J]. 人口學刊, 1990 (5).

[137] 王小力. 人口老齡化及社會保障問題淺析 [J]. 中共成都市委黨校學報, 2013 (3).

[138] 王豔. 經典人口轉變理論的再探索——現代人口轉變理論研究評介 [J]. 西北人口, 2008 (4).

[139] 王宇鵬. 人口老齡化對中國城鎮居民消費行為的影響研究 [J]. 中國人口科學, 2011 (1).

[140] 王蘊紅. 匯率政策的決策及傳導機制 [J]. 市場研究, 1999 (11).

[141] 王召. 對中國貨幣政策中利率傳導機制的探討 [J]. 經濟科學, 2001 (5).

[142] 韋伯. 人口老齡化問題迫使央行維持低通脹 [EB/OL]. 全景網, 2006 - 07 - 07. http：//www. p5w. net/exchange/hsxw/200607/t404796. htm.

[143] 韋宇紅. 論我國人口老齡化過程中的金融商機 [J]. 改革與戰略, 2000 (6).

[144] 魏紅梅. 人口老齡化對我國社會保障體系的影響及對策研究 [J]. 勞動保障世界, 2013 (5).

[145] 魏雪飛, 王炳文. 國際資本流動與匯率形成機制問題研究 [J]. 會計之友, 2010 (9) 下.

[146] 文静. 上海人口老齡化對金融業的影響和對策 [J]. 上海綜合經濟, 2002 (11).

[147] 吳安民. 傳統信貸理論的質疑 [J]. 山西財經大學學報, 1985 (1).

[148] 吳東華. 老齡化是危機也是紅利 [EB/OL]. 投資快報, 2012－11－26. http：//wudonghua020.blog.163.com/blog/static/11776569201212027102 13613.

[149] 吳念魯, 楊海平. 利率市場化改革的再認識 [J]. 中國金融, 2013 (24).

[150] 吳義根, 賈洪文. 我國人口老齡化與金融資產需求結構的相關性分析 [J]. 西北人口, 2012 (2).

[151] 吳玉韶. 中國老齡事業發展報告 (2013) [M]. 北京：社會科學文獻出版社, 2013.

[152] 吳忠觀. 人口學 [M]. 修訂本. 重慶：重慶大學出版社, 2005.

[153] 西村清彥. 人口老齡化、金融服務和監管 [J]. 中國金融, 2013 (2).

[154] 夏德仁, 張洪武, 程智軍. 貨幣政策傳導的「信貸渠道」述評 [J]. 金融研究, 2003 (5).

[155] 夏淼, 吳義根. 人口老齡化與我國金融結構的變遷 [J]. 西北人口, 2011 (2).

[156] 項俊波. 人口老齡化致儲蓄率下降是金融體系新挑戰 [EB/OL]. 鳳凰財經, 2012-06-29.

[157] 肖宏. 人口老齡化對金融資產價格的影響 [J]. 中國國情國力, 2007 (9).

[158] 謝聖遠, 李亞蓮. 從風險視角重新檢視我國養老保險制度改革 [J]. 社會保障研究, 2013 (1).

[159] 星焱. 我國西部金融與財政支農的經濟效應研究 [D]. 西南財經大學, 2009.

[160] 徐聰. 長春市城市社區養老服務發展對策研究 [D]. 東北師範大學, 2012.

[161] 徐曉. 人口老齡化背景下我國養老保險制度存在的問題 [J]. 經濟研究導刊, 2012 (8).

[162] 徐燕. 我國金融體系金融脆弱性分析研究 [J]. 生產力研究, 2010 (4).

[163] 徐英吉, 呂良鵬. 我國信貸傳導機制有效性研究 [J]. 價值工程, 2004 (2).

[164] 閆敏. 推進資本帳戶漸進有序開放 [J]. 中國金融, 2013 (18).

[165] 顏高明. 基於 Taylor 規則視角的貨幣政策調控機制比較研究 [D]. 湖南大學, 2007.

[166] 楊光輝. 中國人口老齡化的發展趨勢與特點, 中國人口科學, 2005 年增刊.

[167] 楊繼軍. 人口年齡結構轉變的儲蓄效應 [J]. 財經科學, 2009 (7).

[168] 楊俊全. 解決我國人口老齡化問題的對策研究 [D]. 東北師範大學, 2004.

[169] 楊勝利, 高向東. 人口老齡化對社會保障財政支出的影響研究 [J]. 西北人口, 2012 (3).

[170] 楊勇. 基於人口老齡化的養老保險風險分析 [J]. 新疆大學學報: 哲學 人文社會科學版, 2012 (1).

[171] 楊長江, 黃埔秉超. 人民幣實際匯率和人口年齡結構 [J]. 金融研究, 2010 (2).

[172] 姚婉婷. 我國貨幣政策資產價格傳導機制研究 [J]. 中國商貿, 2013 (15).

[173] 易綱, 王召. 貨幣政策與金融資產價格 [J]. 經濟研究, 2002 (3).

[174] 尤小文. 當代金融風險問題研究綜述 [J]. 理論前沿, 1998 (13).

[175] 俞天任. 老齡化問題是怎麼來的 [EB/OL]. 鳳凰網評論, 2013-03-28. http: //news. ifeng. com/opinion/zhuanlan/yutianren/detail_ 2013_ 03/28/23617299_ 0. shtml.

[176] 袁志剛, 葛勁峰. 由現收現付制向基金制轉軌的經濟學分析 [J]. 復旦學報: 社會科學版, 2003 (4).

[177] 袁志剛, 宋錚. 人口年齡結構、養老保險制度與最優儲蓄率 [J]. 經濟研究, 2000 (11).

[178] 約翰·梅納德·凱恩斯. 就業、利息和貨幣通論 [M]. 重譯本. 北京: 商務印書館, 1999.

[179] 詹姆斯·H. 舒爾茨. 老齡化經濟學 [M]. 北京: 社會科學文獻出版社, 2010.

[180] 張純威. 彈性匯率制度下的國際資本流動調控策略 [J]. 世界經濟研究, 2006 (2).

[181] 張桂蓮, 王永蓮. 中國人口老齡化對經濟發展的影響分析 [J]. 人口學刊, 2010 (5).

[182] 張昊. 老齡化、非仲介化機制與金融體系變遷 [J]. 金融理論與實踐, 2009 (7).

[183] 張昊. 老齡化與金融結構演變 [M]. 北京: 中國經濟出版社, 2008.

[184] 張輝, 黃澤華. 中國貨幣政策匯率傳導機制研究 [J]. 經濟學動態, 2011 (8).

[185] 張輝, 黃澤華. 中國貨幣政策利率傳導機制的實證研究 [J]. 經濟學動態, 2011 (3).

[186] 張劍文. 老齡化衝擊金融體系 資金短缺威脅儲蓄與投資 [EB/OL]. 網易, 2005 - 11 - 17. http://money.163.com/05/1117/16/22PB27EP00251KLB.html.

[187] 張晶, 梁斯. 我國利率市場化阻礙因素及對策 [J]. 商業時代, 2013 (6).

[188] 張敏, 王萍. 貨幣政策中資產價格的作用及其傳導機制 [J]. 湖南商學院學報, 2011 (12).

[189] 張倩. 我國金融脆弱性現狀及傳導機制研究 [J]. 經濟論壇, 2013 (4).

[190] 張慶昉. 中央銀行信貸政策理論問題探析 [EB/OL]. 和訊網, 2010 - 12 - 17. http://opinion.hexun.com/2010 - 12 - 27/126424450.html.

[191] 張慶元. 貨幣政策傳導機制中的匯率 [J]. 南開經濟研

究，2004（5）.

［192］張曉慧. 關於資產價格與貨幣政策問題的一些思考［J］. 金融研究，2009（7）.

［193］張曉慧. 穩步推進利率市場化改革［J］. 中國金融，2013（16）.

［194］張永勝. 人口老齡化與我國社會保障體系的構建［J］. 新鄉學院學報：社會科學版，2009（2）.

［195］張有，郭紅旗. 金融創新對貨幣政策的影響分析［J］. 河南金融管理幹部學院，2008（5）.

［196］張玉芹，林桂軍，鄭桂環. 人民幣實際匯率波動影響因素研究［J］. 系統工程利率與實踐，2008（8）.

［197］張再生. 中國人口老齡化的特徵及其社會和經濟后果［J］. 南開學報，2000（1）.

［198］張昭，陳兀梧. 人口因素對中國房地產行業波動的影響及預測分析［J］. 金融經濟，2009（8）.

［199］趙建. 人口老齡化會導致資產價格步入下跌通道嗎？［J］. 證券市場導報，2012（3）.

［200］趙進文，張敬思. 人民幣匯率、短期國際資本流動與股票價格［J］. 金融研究，2013（1）.

［201］趙君麗. 人口變化與房地產需求——人口結構變化與房地產週期相關性研究［J］. 城市開發，2002（8）.

［202］趙先立. 二元人口、產業結構和人民幣實際匯率波動［J］. 國際商務——對外經貿大學學報，2013（3）.

［203］鄭功成. 中國養老保險制度的風險在哪裡［J］. 中國金融，2010（17）.

［204］鄭貴廷，韓鵬. 人口老齡化的經濟學再審視［J］. 人口學刊，2007（6）.

［205］鄭基超，劉晴. 人口老齡化引致的國際資本流動及啟示［J］. 蘭州學刊，2013（1）.

［206］鄭連盛. 我國利率市場化展望［J］. 中國金融，2013（16）.

[207] 鄭長德. 中國各地區人口結構與儲蓄率關係的實證研究 [J]. 人口與經濟, 2007 (6).

[208] 中國人民銀行廣州分行貨幣政策傳導課題組. 中國貨幣政策傳導——理論與實證 [M]. 北京: 中國金融出版社, 2005.

[209] 中國人民銀行龍岩市中心支行課題組. 金融創新對貨幣政策傳導的影響分析 [J]. 上海金融, 2009 (4).

[210] 中國人民銀行新聞發言人. 就擴大人民幣匯率浮動幅度答記者問 [EB/OL]. 中國人民銀行網站, 2014-03-21. http://www.pbc.gov.cn/publish/goutongjiaoliu/524/2014/20140315175016376540306/20140315175016376540306_.html

[211] 中國人民銀行研究局課題組. 中國股票市場發展與貨幣政策完善 [J]. 金融研究, 2002 (4).

[212] 鐘若. 人口老齡化影響產業結構調整的傳導機制研究: 綜述及借鑑 [J]. 中國人口科學, 2005 年增刊.

[213] 周綱, 陳金賢. 利率傳導機制分析 [J]. 經濟經緯, 2009 (3).

[214] 周高賓. 資產價格泡沫與我國貨幣政策傳導效應的非對稱性研究 [J]. 南方金融, 2011 (7).

[215] 周小川. 當前研究和完善貨幣政策傳導機制需要關注的幾個問題 [EB/OL]. 中國人民銀行網站, 2004-04-14.

[216] 周小川. 關於儲蓄率問題的若干觀察與分析 [J]. 中國金融, 2009 (4).

[217] 周戰超. 中國人口老齡化問題研究 [J]. 經濟社會體制比較, 2007 (1).

[218] 周子衡. 人口老齡化——中國經濟社會的巨大「陷阱」[J]. 銀行家, 2012 (10).

[219] 朱超, 林博, 張林杰. 全球視角下的人口結構變遷與國際資本流動 [J]. 國際金融研究, 2013 (2).

[220] 朱超, 張林杰. 人口結構能解釋經常帳戶平衡嗎 [J]. 金融研究, 2012 (5).

[221] 朱峰. 資產價格在貨幣政策傳導機制中的作用研究 [J].

金融經濟：理論版，2010（7）．

[222] 左小蕾．利率市場化是資源配置重頭戲 [J]．中國金融，2013（23）：39-41．http：//finance.ifeng.com/news/special/lujiazui2012/20120629/6681109.shtml．

[223] Abel, Andrew B., the effects of a Baby Boom on stock Prices and capital Accumulationin the Presence of social security [J]. Economertrica, 2003, 71 (2).

[224] Abel, Andrew B., Will Bequests Attenuate the Predicted Meltdown in Stock Prices When Baby Boomers Retire [J]. the REVIEW 2001, 83.

[225] Adema W., P. Fron, M. Ladaique. Is the European Welfare State Really More Expensive? Indicators on Social Spending, 1980-2012; and a Manual to the OECD Social Expenditure Database (SOCX) [J]. OECD Social, Employment and Migration, Working papers, 2011.

[226] Alan J. Auerbach & Laurence J. Kotlikoff & Robert Hagemann & Giuseppe Nicoletti, The Dynamics of an Aging Population: The Case of Four OECD Countries [J]. NBER Working Papers2797, National Bureau of Economic Research, Inc. 1989.

[227] Alchian, A, and B Klein. On a Correct measureof Inflation [J]. Journal of Money, Credit and Banking. 1973.

[228] Andrew K. Rose, Saktiandi Supaat, Fertility and the Real Exchange Rate [J]. NBER Working Paper Series, 1050 Massachusetts Avenue, Cambridge, MA 02138, July 2007.

[229] Andersson, Andreas, Par Osterholm. PoPulation Age Strueture and Real Exchange Rate in the OECD [J]. International Eeonomic Journal, 2006, 20 (1).

[230] Andersson, Andreas, Par Osterholm. Forecasting Real Exchange Rate Trends Using Age Structure Data-The Case of Sweden [J]. Applied Economics Letters, 2005, 12.

[231] Ansley J. Coale, The Demographic Transition Reconsidered [J]. International Population Conference, Liege, 1973, Vol. 1. IUSSP.

[232] Arrow, k. j., Essays in the Theory of Risk-Bearing, [J]. Amsterdam: North Holland. 1971.

[233] Bean, Charles, Global Demographic Change: some Implications for Central Banks [J]. speech at FRB Kansas Gicy Annual Symposium, Wyoming, 2004.

[234] Bergantino, Steven, lifecycle Investment Behavior, Demographics, and Asset Prices [J]. doctoral dissertation, MIT, 1998.

[235] Bernanke Ben S. Nonmonetary Effects of the Financial Crisis in the Propagation of the Great Depression [J]. The American Economist, 1983, 73.

[236] Bernanke Ben S, Blinder Alan S. Is it money or credit, or both, or neither? Credit, money, and aggregate demand [J]. The American Economist, 1988, 78.

[237] Bernanke B S, Blinder A S. The Federal Funds Rate and the Channels of Monetary Transmission [J]. The American Economist, 1992, 82.

[238] Bernanke Ben, Mark Gertler. Agency Costs, Net Worth, and Business Fluctuations [J]. The American Economist, 1989, 79.

[239] Bernanke Ben S, Mark Gertler. Inside the Black Box: The Credit Channel of Monetary Policy Transmission [J]. Journal of Econometrics, 1995, 9.

[240] Black G. D., Success and Failure of Futures Contracts Theory and Empirical Evidence [R]. Salomon Brothers Center for the Study of Financial Institutions Monograph Series in Finance and Economics, 1986.

[241] Borio, Claudio, and Philip Lowe. Asset Prices, Financial and Monetary Stability: Exploring the Nexus [J]. Bank for International Settlements Working Paper 114, July. 2002.

[242] Boschen, John F. and Otrok, C. M, Long-run Neutrality and Superneutrality in an ARIMA Framework: Connent [J]. The American Economics Review, 1994, 84 (5).

[243] Braude, Jacob. Age Structure and the Real Exchange Rate

[J]. Bank of lsraelDiscussion Paper Series, 2000.

[244] Brooks, Robin J., Asset Market and Saving Effects of Demographic Transition PhD Dissertation [J]. yale Univ. Economics Dept., 1998.

[245] Brooks, Robin J., Life Cycle Portfolio Chonic and Asset Market Effects of the Baby Boom [J]. manuscript, IMF, 2000.

[246] Brooks, Robin J., Asset market Effects of the Baby Boom and Social Security Reform [J]. American Economic Review, Papers and Proceedings, 2002, 92 (2).

[247] Brooks, Robin J., Population Aging and Global Capital Flows in a Parallel Universe [J]. working pape r, IMF staff papers, 2003.

[248] Brooks, Robin. J., Demographi Change and Asset Prices [R]. Presented at the G20 Workshop on Demography and Financial Markets. Sydney, 2006, 7.

[249] Bryant, Ralph C., Delia Velculescu. Population Aging and Public Pension Systems: A First Look at the Cross – Border and Global Effects [M]. Brookings Institution and Johns Hopkins University, 2002.

[250] Bryant, Ralph C., Hamid Faruqee, Delia Velculescuet al. Fertility Declines and Youth Dependency-Implications for the Global Economy [M]. Brookings Institution, International Monetary Fund, and Johns Hopkins University, 2004.

[251] Byrant, Ralph C., Warwick J. McKibbin. Issues in Modeling the Global Dimensions of Demographic Change [J]. Brookings Discussion Papers in International Economies, 1998.

[252] Calcagnini, G., and E. Saltari. Real and Financial Uncertainty and Investment Decisions, [J]. Journal of Macroeconomics, 2000, 22 (3).

[253] Campbell, John Y., Investment Risk and Social Security Reform [J]. public policy panel, American Finance Association, Washington DC, Jan. 2003.

[254] Campbell. J. Y, and Kyle. A. S. Smart Money, Noise Trading, and Stock Price Behavior [J]. NBER Technical Working Paper, 1988.

[255] Case, Karl, John Quigley, Robert Shiller. Comparing Wealth Effect: The Stock Market versus the Housing Market [J]. NBER Working Paper Series. 2001.

[256] Charles Bean, Global Demographic Change: Some Implications for Central Banks [R] FRB Kansas City Annual Symposium, Jackson Hole, Wyoming, August 26–28, 2004.

[257] Chen, Nan-Kuang, Asset price fluctuations in Taiwan: Evidence from stock and real estate prices 1973 to 1992 [J]. Journal of Asian Economics. 2001, 12.

[258] Coale, Ansley J. and Stephen, Frederick F. The Case of the Indians and Teen-Age Widows [J]. Journal of the American Statistical Association, 1962 (1).

[259] David Miles, What should monetary policy do? [R] The Institute for Policy Research Lecture 2013, University of Bath. 21 February 2013.

[260] Davis, E Philip, Challenges Posed by Ageing to Financial and Monetary Stability [J]. The Geneva Papers on Risk and Insurance-Issues and Practice, Volume 30, Number 4, October, 2005 (23).

[261] Deaton A, Paxson C. Growth and Saving Among Individuals and Households [J]. The Review of Economics and Statistics, 2000, 82 (2).

[262] Diamond DW., Dybvig PH. Bank runs, deposit insurance, and liquidity [J]. Journal of Political Economy. 1983, 91 (3).

[263] Estrela A., Mishkin FS. Is There a Role for Monetary Aggregates in the Conduct of Monetary Policy [J]. Journal of Monetary Economics. 1997, 40 (2).

[264] Faruqee, Hamid. Population Aging and Its Macroeconomic Implications: AFramework for Analysis [R]. IMF, 2002.

[265] Fleming, J. MarcusDomestic financial policies under fixed and floating exchange rates. [J]. IMF Staff Papers, 1962, 9.

[266] Froot, K. and J. Stein, 1991, Exchange Rates and Foreign Direct Investment: An Imperfect Capital Markets Approach [J]. Quarterly Journal of Economics 106.

[267] Geankoplos, John, and Michael Magill, and Martine Quinzii, Demography and the Longrun Predicability of the Stock Market, [J]. Brookings Papers on Economic Activity, 2004.

[268] Geanakoplos, John, Olivia S. Mitchell and Stephen P. Zeldes, Would a Privatized social Securilty System Really Pay a Higher Rate of Return? [J]. in R. Douglas Arnold, Michael J., 1998.

[269] Gertler, M. and Gilchrist, S. the Role of Credit Channel of Monetary Transmission Mechanism: Arguments and Evidence [J]. The Scandinavia Journal of Economics, 1993, 95 (1).

[270] Goodhart, and Hofinann. Asset prices and the conduct of monetary policy [J]. Royal Economic Society Annual Conference No 88. 2002.

[271] Goldberg P K, Knetter M M. Goods Prices Andexchange Rates: What have we Learned [J]. Journal of Econometrics. 1997 (35).

[272] HellmanT., MurdockK. and Stiglitz, FinancialRestraint: Towards a New Paradigm [J]. The Role of Government in East Asian Economic Development Comparative Institutional Analysis, M. Aoki, H−K. Kim and M. Okuno-Fujiwara, eds., Clarendon Press: Oxford, 1997.

[273] Higgns, Matthew, Williamson Jeffrey G. Age Structure Dynamics In Asia And Dependence On Foreign Capital [J]. Population and Development Review. 1997.

[274] Higgins, Matthew. Demography, national savings, and international capital flows [J]. International Economic Journal. 1998, 39 (2).

[275] Hsiao C. Autoregressive modeling and money-income causality detection [J]. Journal of Monetary Economics. 1981.

[276] Ingersoll, Jonathan. E. and Stephen Ross, Waiting to Invest: Investment and Uncertainty [J]. the Journal of Business, 1992 (65).

[277] Jacob raude, Age Structure and the Real Exchange Rate [J]. Discussion Paper Series 2000 (10).

[278] Jaffee, Dwight and Joseph Stiglitz. Credit Rationing. Hankbook of Monetary Economics. Vol2 [J]. Elsevier Science Publisher B. V. 1990.

[279] John Caldwell. Toward a Restatement of Demographic Transition Theory [J]. Population and Development Review, 1976. Vol. 2. No. 3/4.

[280] John Lee, Pitfalls of an Aging China [J]. The National Interest, January 2, 2013.

[281] John Morgan, IMF Economist: The Elderly May Be Dampening the Impact of Stimulus Efforts [R]. Thursday, 12 Sep 2013, 08: 08 AM. http: //www. moneynews. com/Economy/IMF-Imam-central-bank-population/2013/09/12/id/525269#ixzz2lq7PVVdX.

[282] Kashyap, A . K, Stein, J. C, Wilcox, D . W. Monetary Policy and Credit Conditions: Evidence from the Composition of External Finance [J]. The American Economic Review, 1993, 83 (1).

[283] Kelley and Schmidt, Saving, Dependency and Development [J]. Journal of Population Economics, 1996, 9 (4).

[284] Keynes, J. M. Essays in Persuasion, Vol. 9 [J]. The Collected Writtings of John Maynard Keynes. London: Macmillan for the Royal Economic Society. 1971.

[285] Kim, S, Jong. W. L. Demographic Changes, Saving, and Current Account: An Analysis of Panel VAR Model [J]. Japan and the World Economy. 2008 (20).

[286] Kingsley Davis, The Myth of Functional Analysis as a Special Method in Sociology and Anthropology [J]. American Sociological Review, Vol. 24, No. 6, 1959 (11).

[287] Kingsley Davis, The Theory of Change and Response in Modern Demographic History [J]. Populationl, Idex, Vol. 29, No. 4. 1963.

[288] KregelJ. A. Margins of Safety and Weight of the Argumentin Generating Financial Fragility [J]. Journalof Economics Issues. 1997.

[289] Lee, Mason, Miller. From transfers to individual responsibility, Implications for savings and capital accumu-lation in Taiwan and the United States [J]. Institute for Fu-ture Studies. 2000.

[290] Luigi Guiso&Michael Haliassos&Tullio Jappelli, Household Stockholding in Europe: Where Do We Stand and Where Do We Go? [J]. University of Cyprus Working Papers in Economics 0209, University of Cyprus Department of Economics. 2002.

[291] Li, Hongbin, Zhang, Jie and Zhang, Junsen, Effects of Longevity and Dependency Rates on Saving and Growth: Evidence from a Panel of Cross Countries, Journal of Development Economics, 2007, 84 (1).

[292] Li, Hongbin and Zhang, Jansen. Do High Birth Rates Hamper Economic Growth? Review of Economics and Statistics, 2007, 89 (1).

[293] Lindh, Thomas, Bo Malmberg. Age Structure Effects and Growth in the OECD, 1950-1990 [J]. Journal of Population Eeonomics, 1999, 12.

[294] Mankiw, N. G., and Weil, D. N., The Baby Boom, the baby Bust and the Housing Market [J] Regional Science and Urban Economics, 1989, 19.

[295] Mario Catalan, Jaime Guajardo, W. Hoffmaister, Coping with Spain's Aging: Retirement Rules and Incentives (EPub) [J] IMF Working Papers, 2010.

[296] Maurice Obstfeld and Kenneth Rogoff, Exchange Rate Dynamics Redux [J] The Journal of Political Economy, Vol. 103, No. 3, 1995.

[297] Miron J A, Romer C D, Weil D N. Historical perspectives on the monetary transmission mechanism [J]. Monetary policy. 1994.

[298] Mishkin F. Illiquidity, Consumer Durable Expenditure, and Monetary Policy [J]. The American Economist, 1976, 66 (4).

[299] Mishkin F. Symposium on the Monetary Transmission Mechanism [J]. Journal of Econometrics, 1995, 9.

[300] Mishkin F. The Transmission Mechanism and the Role of Asset Prices in Monetary Policy [A]. NBER working paper, 2001.

[301] Minsky, Hyman. The Financial Fragility Hypothesis: Capitalist Process and the Behavior of the Economy [J]. Financial Crisis. 1982.

[302] Miles, David, Modeling the Impact of Demographic Change upon the Economy [J]. Economic Journal, 1999, vol. 109: 1-36.

[303] Miles, David, Should Monetary Policy be Different in a Greyer World? in Alan Auerbach&Heinz Hermann, eds. Aging, Financial Markets and Monetary Policy, Springer 2002.

[304] Modigliani F, Brumberg R. Utility analysis and the consumption function: an interpretation of cross-section data [M]. Post-Keynesian economics, 1954.

[305] Modigliani, Franco, Richard Brumberg. Utility Analysis and the Consumption Function: An Interpretation of Cross-Section Data [A]. The Collected Papers of Franco Modigliani. London: The MIT Press, 2005.

[306] Modigliani, Franco, Shi Larry Cao. The Chinese Saving Puzzle and the Life-Cycle Hypothesis [J]. Journal of Eeonomic Literature, 2004a, 42 (1).

[307] Modigliani, Franco, Shi Larry Cao. The Chinese Saving Puzzle and the Life-Cycle Hypothesis [J]. Journal of Eeonomic Literature, 2004b, Vol. 42, No. 1.

[308] Mundell, Robert A. Inflation and Real Interest [J]. Journal of Political Economy, 1963, 71 (3).

[309] Mundell, Robert A. Capital mobility and stabilization policy under fixed and flexible exchange rates [J]. Canadian Journal of Economic and Political Science, 1963. 29 (4).

[310] Nicholas Barr, Notional Defined Contribution Pensions: Mapping the Terrain Conference on NDC Pensons. 2003.

[311] Obstfeld, Maurice, Kenneth Rogoff. Exchange rate dynamics redux [J]. Journal of Political Economy, 1995, 103.

[312] Obstfeld, Mauriee, Kenneth Rogoff. The Six Major Puzzles in International Macroeconomies: Is There a Common Cause? [J]. NBER Macroeconomies Annual 2000, 15.

[313] Paul S. L. YIP and TAN Khye Chong. ImPacts of aging Population on monetary and exchange rate management in Singapore [J]. Singapore Economic Review, 2005, 53 (2).

[314] Poterba, James M. Demographic Structure and Asset Returns [J]. Review of Economies and Statistics, 2001 (83).

[315] Poterba, James M. The Population Aging and Financial Markets [J]. NBER Working Paper, Massachusetts Institute of Technology. 2004 (8).

[316] Poterba, James M. and Steven Venti, David A Wise, the Transition to Personal Accounts and Increasing Retirement Wealth: Macro and micro Evidence [J]. NBER working paper#8610, 2001.

[317] Ralph C. Bryant, and Warwick J. McKibbin, Issues in Modeling the Global Dimensions of Demographic Change [R]. Brookings Discussion Papers in International Economics, December 1998.

[318] Rose, Andrew K., Saktiandi SuPaat, Jacob Braude. Fertility and the Real Exchange Rate [J]. Canadian Journal of Economies, 2009, 42 (2).

[319] Ruhul Salim and Kamrul Hassan, Exploring the Relationship between Population Age Structure and Real Exchange Rate in OECD Countries [J]. Proceedings of 7th Global Business and Social Science Research Conference 13-14 June, 2013.

[320] Samuelson, Paul A. An Exact Consumption-Loan Model of Interest with or without the Social Contrivance of Money [J]. Journal of Political Eeonomy, 1958, 66.

[321] Siegel, Jeremy J. The Future for Investors: Why the Tried and the True Triumph Over the Bold and the New [M]. Crown Business, New York, 2005.

[322] Sims C A. Macroeconomics and Reality [J]. Econometrica, 1980 (48).

[323] Smets. F, Financial Asset Prices and Monetary Policy: Theory and Evidence [R]. BIS Working Paper, 1997.

[324] Spengler, Joesoph. The Population Obstacle to Eeonomic Betterment [J]. The American Economic Review, 1951, 41 (2).

[325] Sprinkle B. W. Money and stock Priees [M]. Homewood, IL: Riehard D. lrwin, 1964.

[326] Taylor, J. B. Low Inflation, Pass-Through, and the Pricing Power of Firms [J]. European Economic Review, 2000, 44 (7).

[327] Taylor, John B. Alternative Views of the Monetary Transmission Mechanism: What Difference Do They Make for Monetary Policy? [J] Oxford Review of Education, 2000, 16.

[328] Tobin J. A Gerneral Equilibrium Approach to Monetarytheory [J]. Journal of Money, Credit, and Banking, 1969 (2).

[329] Tobin, James. Life Cycle Saving and Balanced Growth [A]. Ten economic studies in the tradition of lrving Fisher. New York: Wiley, 1967.

[330] Tristan Nguyen, Ralf Stüzle, Implications of an Aging Population on Pension Systems and Financial Markets [J]. Received December 2, 2011; revised January 25, 2012; Accepted February 2, 2012.

[331] Tufano P., Financial Innovation [M]. Handbook of theEconomics of Finance. George Constantinides, Milt Harris and Rene Stulz, North Holland, 2002.

[332] Walsh, C., Monetary Theory and Policy [M]. Cambridge,

Ma: MIT Press, 1998.

[333] Van Horne J. C., Of Financial Innovations and Excesses [J]. The Journal of Finance, 1985 (15).

本書是筆者博士學位論文的主體和擴展，也是筆者攻讀完現行所有學歷教育的總結與概括。論文從構思到寫作共有年余，2014寒假春節基本不休，龜縮辦公室敲打鍵盤。期間因眼鏡鏡片被小兒不慎破損，到西財光華校區北二門外的眼鏡店換鏡驗光時，沒料到雙眼近視已增100度。

　　100，在數學中表示3位數中最小的合數、自然數、偶數、平方數，在物理學中表示水的沸點在1個標準大氣壓下為攝氏100度。100在大部分考試中代表滿分，意味著圓滿和極致。100含有眾多的意思，如百科全書、百字書、百字圖，100還沉澱著歷史，如百日維新、百團大戰；100還成了美滿幸福的象徵，有情有愛有香奈，美國香奈哈潑品牌的標誌。

　　而100對於我，不僅是近視100之增加，更有著從學經歷的感悟——百感交集。

　　2008年入學至畢業達6年，看似漫長，卻亦如白駒過隙。艱難的課程學習結束后，行百里者半九十，論文選題幾多波折，百欲放棄，師長學友百喙一詞，百挺堅持。在此感謝導師王學義先生，感謝楊成剛教授、陳明立教授、張俊良教授、俞德怡老師等眾多老師百般支持與厚愛，感念一同學習的同窗好友，砥礪提攜，終成學業。論文預答辯及答辯過程中，感謝何景熙教授、邵昱研究員、姜玉梅教授等師長的建議、指點與幫助。本書的出版，得益於西南財經大學「中央高校基本科研業務費專項資金」2014年度「專著出版與后期資助」項目的資助以及出版社同仁的支持。

　　博士學習期間，百福具臻，眾多領導同事百力提攜，從西財「兩中心」黨總支到校長辦公室，再到繼續（網路）教育學院，自

己百無一是，但百卉千葩集於一身，感激所有領導的厚愛與支持，眾多同學同事的寬容與幫助。

博士研究生入學時，小兒蹣跚學步，百伶百俐，待我畢業時已學堂西序，已至童年。父母妻兒的支持與期盼，成為我不再駐足的動力與源泉。

而今百草權輿，百花爛漫，定當百尺竿頭，付諸百分之百努力，竭力百舉百全，以酬100度之期願。

國家圖書館出版品預行編目(CIP)資料

人口老齡化對中國貨幣政策傳導機制的影響研究 / 劉梟 著. -- 第一版. -- 臺北市：財經錢線文化出版：崧博發行，2018.11

面 ； 公分

ISBN 978-986-96840-1-9(平裝)

1.貨幣政策 2.老年化問題 3.中國

561.182　　107017659

書　名：人口老齡化對中國貨幣政策傳導機制的影響研究
作　者：劉梟 著
發行人：黃振庭
出版者：財經錢線文化事業有限公司
發行者：崧博出版事業有限公司
E-mail：sonbookservice@gmail.com
粉絲頁　　　　　　　網　址：
地　址：台北市中正區延平南路六十一號五樓一室
8F.-815, No.61, Sec. 1, Chongqing S. Rd., Zhongzheng Dist., Taipei City 100, Taiwan (R.O.C.)
電　話：(02)2370-3310　傳　真：(02) 2370-3210
總經銷：紅螞蟻圖書有限公司
地　址：台北市內湖區舊宗路二段 121 巷 19 號
電　話：02-2795-3656　傳真：02-2795-4100　網址：
印　刷：京峯彩色印刷有限公司（京峰數位）

　本書版權為西南財經大學出版社所有授權崧博出版事業有限公司獨家發行電子書及繁體書繁體版。若有其他相關權利及授權需求請與本公司聯繫。
定價：400元
發行日期：2018 年 11 月第一版
◎ 本書以POD印製發行